교회는 어디로 가고 있는가?

Medard Kehl, S.J.
WOHIN GEHT DIE KIRCHE?
Eine Zeitdiagnose
© Verlag Herder, Freiburg im Breisgau 1996

Translated by Lee Jong-Han
© Benedict Press, Waegwan, Korea 1998

교회는 어디로 가고 있는가?
1998 초판
옮긴이: 이종한／펴낸이: 김구인

ⓒ 분도출판사(등록: 1962년 5월 7일 · 라15호)
718-800 경북 칠곡군 왜관읍 왜관리 134의 1
편집부: (0545) 971-0629
영업부: 〈본사〉(0545) 971-0628 FAX. 972-6515
〈서울〉(02) 266-3605 FAX. 271-3605
우편대체 계좌: 700013-31-0542795
국민은행 계좌: 608-01-0117-906
ISBN 89-419-9822-0 03230
값 6,500원

메다르트 켈

교회는 어디로 가고 있는가?
— 신학적 시대 진단 —

이종한 옮김

분 도 출 판 사

머 리 말

약 25년 전 독일 주교단의 뷔르츠부르크 시노드와 관련하여 칼 라너Karl Rahner의 『과제와 기회로서의 교회 구조변혁』(1972)이 헤르더 출판사에서 문고판으로 간행되었다. 라너의 "신학적 상황 분석"은 오늘날에도 그 타당성과 현실성을 전혀 상실하지 않았다. 오히려 1990년대 중반인 지금, 당시 라너가 그려보였던 "구조변혁"은 그동안 상당히 힘차게 추진되어 오기도 했거니와 교회에 대한 사람들의 의식 안에 훨씬 뚜렷하게 드러나고 있다.

라너가 제기했던 세 가지 물음, "우리는 어디에 있는가? 우리는 무엇을 해야 하는가? 미래의 교회는 어떠해야 하는가?" 역시 그 시점보다 오늘날 더욱 불가피하고 절박한 물음이 되어 있다.

나는 이 책에서 그 물음들을 다시 받아들여, 중서부 유럽 가톨릭 교회의 현재 상황과 관련해 대답을 제시해 보고자 한다. 이 작업에는 미간행 강연과 토론 원고들을 포함한 근년의 논문들이 큰 도움이 되었던바, 그것들을 다시 한번 손질하여 일종의 견실한 신학적 "시대 진단"으로 종합했다.

내가 이 책을 쓰면서 특히 염두에 둔 사람들은, 피할 수 없는 교회의 "구조변혁"을 적극적인 투신을 통해 (개별적으로 취하는 형태는 어떻든 간에) 함께 꼴짓고자 하는 그런 신앙인들이다. 그들이 참으로 현실적인 냉철함에 터하여 오늘날의 상황이 야기하는 도전과 기회를 식별하고, 신뢰와 확신을 지니고 의연하게 그것들에 대처하는 데 이 책이 도움과 용기를 주었으면 한다.

1996년 1월, 프랑크푸르트에서
메다르트 켈 S.J.

차 례

머리말 ·· 5

제 1 부
문화적 맥락

서 론: 신판新版 "교회 묵시록"에의 열중? ················ 15
제1장: 해석학적 "열쇠":
    그리스도교 신앙과 현대 문화의 관계가
    새로운 국면으로 넘어가는 과도기의 교회 ········ 21
    1. 명제 ······································· 22
    2. 어찌할 바 모르는, 그러나 절망적이지는 않은 ······ 25
    3. 교회 내적 갈등들을 좋은 의미에서 "상대화"하기 ···· 28
제2장: 신학적 시대 진단의 문화·종교 사회학적 측면들 ··· 31
    1. 현대 속의 교회 ······························· 32
      ㄱ. 이른바 "현대화 추진" ······················· 32
      ㄴ. "반성적 현대"의 근본 가치들 ················ 34
        ① 근본적인 다원성 ························· 34
        ② 모든 사상事象의 가변성 ·················· 37
      ㄷ. 현대를 "악마화"하는 것에 대한 반대 ·········· 39
      ㄹ. 필연적 귀결 ······························· 40
        ① 그리스도교 신앙과 제도 비판적 현대 ········ 40
        ② 그리스도교 신앙과 "내면적" 종교 ··········· 42
    2. "체험사회" 속의 교회 ·························· 46

3. 종파적 환경들을 상실한 교회 ·················· 51
     ㄱ. 소멸해 가는 교회의 사회적 형태의 중요성과 한계 · 51
     ㄴ. 새로운 국면 ······························ 52
  4. 교회 밖의 "종교적 광경" ······················ 56
     ㄱ. 현상 ···································· 56
     ㄴ. 이러한 종교성이 교회에 제기하는 도전 ········ 60
        ① 교회생활의 결함에 대한 예민화 ··········· 60
        ② 현대 문화의 막다른 골목으로부터의 출구 모색 · 61
        ③ 구원에의 갈망의 인식 ···················· 62
        ④ 그리스도교적인 것의 식별 ················ 64
        ⑤ 관상과 추종의 실천 ····················· 65

제 2 부
교회 내적 갈등들 —
교회와 현대의 불명료한 관계의 표지

제1장: **교회 안에서의 의사불통** ···················· 71
  1. 하나의 신호: 이른바 "교회 백성의 열망" ········· 72
  2. 현대 문화와의 분열된 관계 ···················· 75
제2장: **친교신학과 교회 안의 의사불통 현실** ········· 79
  1. 교회의 신학적 차원과 경험적 차원의 관계의
     세 가지 모델 ································ 80
     ㄱ. 트리엔트 이래의 동일시 ···················· 80
     ㄴ. 오늘날 교회에 대한 사회적 인식 안에서의
        경험과 신학의 분리 ······················· 82
     ㄷ. 공의회의 관점: 성사적 결합 ················ 85
  2. 공의회 교회관의 구체화: 상호소통을 통한 친교 ··· 88
     ㄱ. 친교의 신학적 내용 ························ 88

ㄴ. 상응하는 경험적 내용:
　　　　상호소통이 원활히 이루어지는 교회 ············ 89
　　　　① 요점: 대화로써 이룩한 합의를 통한 일치 ····· 89
　　　　② 근본 문제: "후현대" 안에서 구속력있는 합의? ·· 90
　　　　③ 대화를 통한 합의와 교회의 교도권 사이의
　　　　　　대립은 불가피한 것이 아니다 ················· 92
제3장: **세계교회와 개별교회들 사이의 불균형** ············· 97
　1. 제2차 바티칸 공의회에서의 관계 규정 ············ 98
　　ㄱ. 동일 원천성의 원리 ····························· 99
　　ㄴ. 통합과 차별화의 실천 ························· 100
　　ㄷ. 교회법적 귀결 ································ 102
　　　　① 주교 시노드, 광역 공의회, 주교회의의
　　　　　　가치절상 ································ 102
　　　　② 주교 선출의 새로운 방식 ···················· 105
　2. 신앙교리성의 문서
　　「친교로서의 교회의 몇 가지 측면에 관하여」(1992) ·· 108
　　ㄱ. 세계교회의 "존재론적이고 시간적인" 우위성? ·· 110
　　ㄴ. 논쟁 ··· 111
　3. 바티칸의 논평(1993) ······························· 114

제 3 부
전망과 예측

제1장: **교회의 영성적 차원 되찾기** ······················· 121
　1. 영적 교회체험의 모델들 ························· 122
　　ㄱ. 동일시 대상으로서의 교회 ····················· 122
　　　　① 규정적 교회상:
　　　　　　그리스도의 상대자 "여인"으로서의 교회 ····· 122

9

② 영성적 주요 동기: 교회와의 동일시 ········ 126
③ 위험성: 구조적 현실의 영성화 ············ 127
ㄴ. 피난처로서의 교회 ··························· 129
① 규정적 교회상:
자족적인 구원 중개자로서의 교회 ·········· 130
② 영성적 주요 동기: 안전감과 순종을 통한 통합 · 130
③ 위험성: 현대 문화와의 대화 불능 ·········· 133
ㄷ. 희망의 표지로서의 교회 ······················ 134
① 규정적 교회상: 하느님 나라를 지향하는
장정長程 공동체로서의 교회 ················· 134
② 영성적 주요 동기: 안팎으로의 상호소통 ···· 138
③ 이 교회 영성에 대한 단호한 선택 ·········· 139
2. 현재 상황의 극복을 위해 ························ 140
ㄱ. 요구된 것은 아주 당연히 행하기 ············· 140
ㄴ. 하느님 나라에 비추어 교회를 상대화하기 ····· 142
ㄷ. 세계교회를 염두에 두기 ······················ 142
ㄹ. 교회를 관상하기 ····························· 143
ㅁ. 교회 안에서 반대의 용기를 보존하기 ·········· 145
ㅂ. 인내의 힘을 과소평가하지 않기 ··············· 147

제2장: **구조적으로 변화하는 교회의 윤곽 그리기** ········ 153
1. 교회 안에서 따로 노는 "노선 동아리들" ············ 155
2. "독특한 측면을 지닌" 공동체들을 형성하려는
경향의 증대 ······································ 159
3. 적극적 구성원들과 소극적 구성원들간의
증대하는 불균형: 성사사목의 어려움과 기회 ······· 164
ㄱ. "교회에서 멀리 떨어져 있는 신실한 사람들"에 대한
충분한 긍정 ································· 164

  ㄴ. 성사사목의 심각한 상황 ················· 168
  ㄷ. 대응책 ································· 172
   ① 전례의 다양화·차별화 ················ 172
   ② 대화를 통한 신앙 상황의 명료화 ········· 173
   ③ "그후의" 교리교육 ··················· 174
  ㄹ. 개개 성사들의 구체화 ················· 175
 4. "상호소통적 신앙 동아리들"의 증대하는 중요성 ···· 181
  ㄱ. 함께하는 신앙의 공간들 ················ 181
   ① "관계교회" ························· 182
   ② 전기적 신앙 ························ 182
   ③ 새로운 "환경들" ···················· 183
   ④ 가난한 사람들과의 친교 ··············· 183
  ㄴ. 이른바 "새로운 영적 운동들" ············ 184
   ① 특징적 표지들 ······················ 185
   ② 교회 내적 도전 ····················· 187

맺는 말: **"그것은 그것으로 존재해, 사랑은 말하네"** ····· 191

제 1 부

문화적 맥락

서 론

신판新版 "교회 묵시록"에의 열중?

세상
변두리
바닷가에
있네
거대하고
아름답고
기이하고
텅 빈
달팽이 집들
쾰른 대성당
베드로 대성당
소피아 대성당
카롤링거
로마
고딕
비잔틴 풍의
19
20세기의
달팽이 집들
그곳으로부터 생명은
빠져나갔네

보이네
검은 무리들
벌레 같은 여행자들
뜻없는
황망함 속에
이리저리
급히 가며
서두르며
떼지어 득실거리네
유럽은
거대한
그리스도교 박물관이
되어버렸네
이 세상
변두리 바닷가
되어버렸네
아름다운 청동과 대리석
사암과 벽돌
콘크리트로 치장한
유럽은
사치스런 무덤

무덤은 비어 있다
그 임은 부활하셨다

그러나 어딘가 딴 곳으로

W. Willms

「환시」¹라는 제목을 달고 있는 이 시는 미래 교회의 처지를 빠듯하고 가혹하게 묘사하고 있다. 만일 누가 멋지게 보수補修된 프랑크푸르트 대성당에 매일 몰려드는 구경꾼 숫자와 같은 성당 — 다른 곳도 비슷한 형편이지만 — 주일미사에 참례하는 (독일어 사용) 신자들의 숫자를 비교해 본다면, 그는 교회에 관한 이 환시에 동조하고 싶어하리라. 유럽의 교회 — 이것은 함께하는 살아 있는 신앙의 영이 점차 그리로부터 떠나버리려고 하는 사치스러운 무덤이 되어가고 있지 않은가?

나는 그렇게 되리라곤 생각하지 않는다. 무엇보다도 나는 요즈음 교회 안팎에 널리 퍼져 있는 "교회에 관한 묵시록"에 대해 회의적이기 때문에라도 그렇게 생각하지 않는다. 사실 교회 묵시록은 가톨릭주의의 "우파右派 스펙트럼" 때문에 우리에게 이미 오래 전부터 잘 알려져 있다. "(제2차 바티칸) 공의회는 교회 멸망의 시작 종을 울렸다. 시대 정신에의 순응은 하느님의 영을 교회로부터 쫓아내 버렸다. 하느님의 영 대신 '황폐의 우상' (다니 9,27)이 현대적 불신, 곧 세속주의와 자유주의의 모습을 띠고 교회의 성소 안에 숨어 들어왔다. 소수의 충성스럽고 '거룩한 남은 자들'이 옛 교회의 유산을 이어받아 갈 것이며, 온 힘을 다해 공의회 이전 교회의 복구를 위해 노력할 것이다. ···"

사실 근년 들어 소시민적 · 자유주의적 · 후현대적postmodern 색조의 "교회 묵시록"은 교회에서나 사회에서나 사람들 모임의 단골 화제가 되었고, 종교적 문제가 주요 관심사인 경우에는 거의 "정치적 정확성"에 속하게 되었다. 큰 잡지들은 그리스도교 축제 때마다 특정한 종교 사회학적 분석과 시대 진단들을 게재하는데, 그것들은 대개 이 나라 교회의 쇠퇴와 몰락을 예측하고 있다. 대중매체에 단골

---

¹ Wilhelm Willms, der geerdete himmel. wiederbelebungsversuche, Verlag Butzon & Bercker, Kevelaer ⁷1986, 2,2.

로 등장하는 신학자들도 맞장구를 친다. 교회의 제도와 교의, 전통적인 공동체 구조와 직무 구조, 신학, 윤리, 사목의 시대는 결정적으로 지나갔다는 것이다. 신실한 그리스도인이라면 이 교회의 몰락을 앞당기기 위해 모든 일을 다해야 하며, 그럼으로써 마침내 오로지 예수 또는 원시교회에 정향定向된 참된 그리스도교가 바로 설 수 있다는 것이다. 그렇게 해서만 교회는 오늘날의 "종교적 무대"에서 살아남을 수 있다는 것이다.

신판 교회 묵시록들은 그 기원과 의도가 매우 잡다하지만, 그 문학적 종種에 근거한 많은 공통점(전형적인 "묵시문학적" 특징들)을 지니고 있다. 이 묵시록들은 상당히 열광적으로 우리 교회의 몰락을 예측하고 그 몰락이 실제로 조속히 시작되도록 기여하고자 한다. 또한 다양하고 세분화된 현상 분석들은 배짱좋게 단념하고, 선동적이고 암시적인 이분법적 흑백 묘사를 즐겨 사용하는데, 거기에서는 선과 악 사이에 (예를 들어 예수와 교회 사이에) 뚜렷한 전선이 형성되고, 그 전선에서는 최소한 적의 모습이 분명히 보인다. 이러한 비판적·자유주의적 교회 묵시록의 깃발 아래 마침내 새로운 집단들이 모여드는데, 그것들은 몰락할 운명의 거대 교회들을 갈수록 멀리하면서 스스로 3천년기紀의 예수 복음의 참된 전승 담지자로 자처하고 있다.

이러한 묵시록들은 물론 — 2천 년 전과 마찬가지로 — 진실의 일면을 내보하고 있다. 즉, 대부분 심각한 위기상황을 알려주고 있다. 그러나 이 위기상황은 흔히 희망 없는 퇴행과 파국의 각본 안으로 투사되고, 그 각본은 세상 사람들의 관심과 충격을 불러일으키며, 때에 따라서는 행동에 나서도록 부추긴다. 그런데 세계나 교회의 멸망에 관한 이러한 표상들 속에는 현실에 대한 인식이 결여되어 있는 것이 두드러지게 눈에 뜨이며, 바로 이 점이 그러한 묵시론자들과의 대화를 어렵게 만든다. 교회 안에서 공동 토론의 발판으로서의 현실에 대한 다양하고 차별화된 인식이 전혀 존재하지 않는 곳에서는, 단지 "전부 아니면 전무", 투쟁 아니면 체념의 양자택일이 있을 뿐이다. 진정한 (요청적 가정이 아닌) 원인, 출구 그리고 현실 상황 개선 방법에 대한 힘들고 세분화된 물음과 탐색은, 그래도 여전히 제도적인 교회의 미래를 신뢰하고 있는 저 사람들에게 맡겨져 있다.

나 자신 이 사람들과 함께하고자 한다. 왜냐하면 묵시록이 어느 시대에나 역사 과정을 해석하는 데 있어 어느 정도 정당성을 보유한다 하더라도, 이미 신약성서에서 하느님 나라에 관한 예수의 선포에 의해 당시의 묵시문학이 크게 상대화되고 바로잡아졌다는 사실 또한 전혀 부인될 수 없기 때문이다. 예수는 "겨자씨"(우리 가운데 있는 하느님 나라의 현실)로부터 출발했으며, 이웃 사랑과 원수 사랑이라는 소박한 방법을 그 나라의 확장을 위해 우리가 걸어가야 할 길로서 선포했다. 이 방법이 오늘날의 교회 상황에 영성적이고 구조적으로 대처하는 데 유효하지 못할 이유라도 있는가?

그러므로 나는 오늘날 유럽 교회의 변화 과정을 한 가지 성서적 상징을 가지고 영적으로 훨씬 적절히 해석·이해할 수 있다고 깊이 확신하는 바, 그 상징은 "세상 멸망"과 "세상 종말"에 관한 묵시문학적 은유를 의식적으로 **그리스도론적으로** 새롭게 해석하고 있으니, 바로 죽음을 통해 새롭고 풍성한 수확을 가져오는 **밀알**이라는 상징이다. 나는 이 상징을 역사적·사회학적으로 성장해 온 특정한 교회 **형태**들에 적용시킨다. 이것들을 예수 그리스도의 교회와 단순히 동일시할 수는 없다(우리는 교회에 관해 이야기하면서 흔히 동일시하고 있지만). 이러한 관점에 터하여 나는 오늘날 우리 교회 발전 과정의 많은 현상들을 마주하고 다음과 같이 묻게 된다. 우리가 19세기 전반기 이래 익히 알고 있고 또 어린 시절부터 우리에게 친숙한 오래된 교회 모습의 어떤 면들은 "시대에 맞지" 않고 또 따라서 교회가 진지하게 탐구하는 많은 동시대인(특히 청장년층)에게 하느님의 구원하시는 사랑의 표지가 되지 못하기 때문에 필경 **소멸**되어야 하는 것이 아닐까? 오늘날 이 교회의 많은 것들이 말하자면 사회학적으로 소멸되어야 하며, 그럼으로써 새로운 것이 생겨나고 하느님의 영이 "시대의 표징"에 훨씬 민감하게 반응하는 교회 형태 안에서 육화할 수 있지 않을까? 우리는 익숙한 그러나 시대제약적인 교회주의의 많은 부분이 소멸·와해되도록 만들 각오와 능력을 갖추고 있는가?

예를 들어 오랜 세월 자명한 것으로 간주되어 왔던, 민족 구성원 신분과 가톨릭 혹은 개신교 교회 구성원 신분의 결합에 관해 한 번 생각해 보자. 거기에서 그리스도교는 사람들의 개인적 확신보다는 문화적 환경에 훨씬 크게 의존하고 있었다. 그래서 나는 적극적 그리스도인들이 하나의 (그들도 함께 이루어 온) 문화 속에서 소수로 취급될 뿐 아니라, 낯설고 이질적인 존재가 되어버리는 경우도 있을 수 있다고 생각한다.

또는, 우리가 예배를 드리기 위해 모이는 하느님의 집이 다음 빵가게나 버스 정류장보다 그렇게 멀리는 떨어져 있지 않다는 사실이 과연 자명한 일일까? 필경 우리는 버릇이 된 교회의 전방위적 보살핌에 작별을 고하고, "순례하는 하느님 백성"의 생활양식을 훨씬 생생하고 진실되게, 더 먼 길로 둘러가며, 더 큰 활동성을 지니고 훈련해야 할 것이다.

또는, 교회를 현대의 민주적 법문화와 어쩔 수 없이 비교하게 만드는 의사불통적·중앙집권적·성직자 중심적 구조들이 아직도 얼마나 많은가! 그러한 구조들은 오늘날 부분적으로 너무나 고착화되어 있으며, 바로 그때문에 아마 조만간 스스로 붕괴되지나 않을는지.

교회 내부의 많은 고통스러운 과정들을 (오늘날 매우 빠른 속도로 또 때로는 거대한 해방의 열정을 지니고 자신의 그리스도교적 과거로부터 벗어나고 있는 우리 문화와 관련해서는 더욱 많은 고통스러운 과정들이 있거니와) 나는 하나의 새로운, 그러나 아직은 거의 미지의 교회 형태를 낳기 위한 "진통"으로 판단한다. 이 형태의 교회가 지금 모습보다 정말 "더 나을" 것인지는 전혀 불확실하다. 다만, 우리는 교회의 이러한 "변용"變容을 앞에 두고 당혹이나 체념 혹은 묵시록적인 종말 정조情調에 빠져서는 안되겠다. 우리는 그것을 그야말로 현실적으로 **도전**과 **기회**로서 파악·포착할 수 있다.

전적으로 이런 의미에서, 암스테르담의 대학생 지도신부 베르나르트 루트멘젠은 성서의 "광야 은유"를 오늘날의 유럽 교회 상황에 적용하는데, 참으로 정곡을 찌르고 있다. 새로운 하느님 백성은 지금 이곳에서 (옛날 이집트에서의 이스라엘처럼) 수백 년 동안 익숙해 있던 생활양식과 구조들로부터 뽑혀내지고 있다. 그 백성은 (그리스도교적으로) 갈수록 "잡초가 덮이고", "바람 휘몰아치며", "황폐해진" 지역을 통과하는 고통스러운 길을 떠나야 하며, 그 여정에서 그럴싸한 도피로와 그릇된 길에 들어서지 않도록 애써야 하고, 숨어 있는 신앙의 샘물과 희망의 오아시스들을 새로이 찾아내야 하며, 하느님께서는 당신 백성을 꿈에도 생각지 못한 새로운 삶의 영역에로 이끌어가시리라는 약속을 온갖 시련과 회의를 무릅쓰고 굳게 믿어야 한다.[2]

아래의 고찰들은 사람들이 확신을 지니고 (물론 교회 상황에 대한 필수불가결한 냉철한 인식을 견지하면서) 결연히 이 길을 걸어가도록 고무하기 위한 것이다. 그래서 제1부에서는 무엇보다도 이 상황이 (더 새로운 종교·문화 사회학적 분석의 도움을 얻어) 가능한 한 있는 그대로 서술되어야 하겠다.

---

[2] Bernard Rootmensen, Vierzig Worte in der Wüste, Düsseldorf 1991; 같은 저자, Oasen in der Wüste, Düsseldorf 1995.

제1장

해석학적 "열쇠":
그리스도교 신앙과 현대 문화의 관계가
새로운 국면으로 넘어가는
과도기의 교회

우리의 삶을 그야말로 "광야 유랑"이라 지칭해도 될 만큼, 교회로서의 그리고 교회 안에서의 우리의 삶을 그토록 힘들게 만드는 것은 도대체 무엇인가? 그 원인으로는 물론 여러 가지를 열거할 수 있을 것이다. 그러나 현재 상황의 이해·해석 그리고 극복을 위해서는 "복슬개의 정체"(핵심이라는 뜻 — 역자 주)를 밝히고, 어떠한 현상에 다른 모든 문제의 해결을 위한 인식론적 열쇠의 지위를 부여하느냐가 매우 중요하다. 그래서 나는 아래의 **명제**를 내 신학적 시대 진단의 토대로 삼고자 한다.

1. 명 제

오늘날 유럽의 그리스도교와 교회가 (가톨릭이든 개신교든) 당면하고 있는 문제의 근본 뿌리는, 역사적으로 증대해 왔고 지금 새로운 국면으로 접어들고 있는 교회와 서구 현대 문화 사이의 상호연루 내지 경계설정에 있다고 나는 생각한다. 계몽주의에 의해 꼴지어진 이 문화 자체가 격렬한 변혁 과정에 처해 있기 때문에(이와 관련하여 흔히들 유럽 사회 내부의 "현대화 추진"에 대해 말하고 있다), 자기들 고유의 전통에 터하여 특정한 실질적 · 세계관적 신념을 전달하고자 하면서 이 문화를 떠받치고 있는 모든 중요한 사회 단체나 제도들이 (예를 들어 노동조합, 유럽 사회민주당, 학교, 대학교 그리고 교회들 역시) 나름대로 이러한 전반적인 문화적 발전 과정이 야기하는 난관을 함께 겪고 있다. 가톨릭 교회는 이러한 과정에 특히 당혹해하고 있는데, 그 까닭은 가톨릭 교회는 지난 2세기 동안 성장해 온 자신의 "세계"와 그 세계의 교권제도적 · 중앙집권적 지배구조 안에서 상당히 견고한 하위문화적 독자생활을 영위해 올 수 있었기 때문이다. 물론 이 독자적인 삶은 오늘날 크게 와해되고 있으며, 그래서 현대 문화와의 갈등과 대결 안에서 신앙과 교회의 자리, 의미 그리고 형태를 새로이 정의하려 애쓰고 있다.[3]

---

[3] 특히 다음 문헌들을 참조할 것: F. X. Kaufmann, Religion und Modernität, Tübingen 1989; U. Altermatt, Katholizismus und Moderne, Zürich 1989; K. Gabriel, Christentum zwischen Tradition und Postmoderne (QD 141), Freiburg [4]1995; M. Kehl, Die Kirche, Würzburg [3]1994; H. J. Höhn, Gegen-Mythen. Religionsproduktive Tendenzen der Gegenwart (QD 154), Freiburg 1994; Th. Ruster, Die verlorene Nützlichkeit der Religion. Katholizismus und Moderne in der Weimarer Republik, Paderborn 1994; K. -F. Daiber, Religion unter den Bedingungen der Moderne, Marburg 1995; Glauben ohne Kirche. Neue Religiosität als Herausforderung für die Kirchen, hg. von der Ev. Akademie Baden und der Kath. Akademie Freiburg, Freiburg-Karlsruhe 1995.

이러한 현상은 신앙인들에게서 전통적인 교회주의가 현저히 소멸된 사실에서 나타나는데, 그것은 교회와 신앙 공동체의 구조적 형태에도 갈수록 큰 영향을 끼치고 있다. 그러므로 그리스도교 신앙을 전통적인 영역들로부터 멀리 벗어나고 있는 고도로 현대화된 문화 속에서도 제대로 살아내고 계속 전달할 수 있는 새로운 사회적 형태들을 찾아내야 하는 것이 오늘날 유럽 교회가 직면한 **바로 그** 도전이다. 그런데 세계교회를 지배하는 로마와 로마의 조종을 받는 수많은 지역교회의 책임자들이 현재로서는 이러한 필수불가결한 개혁 과정을 창조적이고 융통성있게 떠받쳐 줄 능력이 거의 없다는 점이 상황을 더욱 어렵게 만들고 있다. 오히려 그들은 현대적인 것에 대한 뿌리깊은 불신 때문에, 물론 20~30년 전보다는 훨씬 덜하지만 아무튼 교회의 양적量的·문화형성적 현존이 문제되는 한에 있어서는, 전통적으로 틀지어지고 외부를 향해 자기들끼리 똘똘 뭉친 일종의 동아리 가톨릭주의Milieukatholizismus를 옹호하는 듯이 보인다. 지금까지 말한 것이 나의 명제이다.

최근의 교회 내적인 수많은 갈등이 교회와 현대 문화 사이의 창조적 대결을 크게 방해하고 있다는 사실을 강조하는 것이 매우 중요하다고 나는 생각한다. 그러한 갈등들은 교회의 공적 모습을 크게 왜곡시키는 쓸데없는 "부차적 전쟁터들"을 너무나 많이 만들어내고 있다. 그러나 나는 그러한 교회 내적 갈등들이 예를 들어 지난 수십 년간 예배·교리교수·공동체 생활·종교교육에서 교회의 신앙선포가 현저히 어려워졌고, 교회의 적극적 구성원과 소극적 구성원들의 관계가 크게 균형을 상실했으며, 모든 교회 직무 특히 사제와 수도 성소가 갈수록 공감을 얻지 못하게 된 사실 등의 근본 원인은 아니라고 생각한다. 나는 확신하고 있다. 우리가 교회 내적 갈등들을 상호이해 등을 통해 이럭저럭 극복하고 어떤 만족할 만한 해결책을 찾아낼 수 있다 하더라도, 그것만으로는 우리의 교회적 실존의 핵심에 관계되는 문제들은 여전히 거의 해결되지 못한 채 남아 있으리라고. 그렇다고 해서 우리가 교회 내적 문제들의 해결을 계속 미루고 도외시하거나 대수롭지 않은 일로 간주해도 된다는 말은 결코 아니다. 그럴 수는 없다. 다만 그러한 문제들이 따로 떼어져 다루어져서는 안된다는 것을 염두에 두자는 말이다. 다시 말해 그러한 문제들을 지나치게 교회 내적인 관점과 교회관에 있어서의 전통주의적 입장과 자유주의적 입장의 대립에 입각하여 인식·대처할 것이 아니라, 유럽에서의 문화적 전체 발전 과정이라는 더 넓은 맥락에서 인식·대처해야 한다.

2. 어찌할 바 모르는, 그러나 절망적이지는 않은

이러한 문화적 관점에 입각해서 보아야, 비로소 유럽의 모든 덩치 큰 교회들이 당면하고 있는 **근본 문제**가 뚜렷하게 드러난다. 즉, 오늘날 우리가 모든 생명의 인격적인 "근본 원천"이요 사랑으로 함께하시는 "자비"의 보편적 권능인 하느님께 대한 우리의 신앙을 도대체 어떤 식으로 선포해야, 사람들(특히 젊은이들)에게 불꽃이 옮겨져 그들이 이러한 하느님을 자신들 삶의 터전으로 삼고 예수와 함께 예수 안에서 그분을 따르며 그분의 나라를 함께 건설해 나가는 일이 참으로 좋고 인간을 해방한다는 사실을 머리와 가슴으로 깨달을 수 있게 될까라는 문제 말이다.[4] 사실 우리는 그 방법을 찾아내지 못해 어찌할 바를 모르고 있다. 그리스도교 메시지의 이 핵심을 말이나 삶을 통해 "전달하는" 일이 갈수록 어려워지고 있다. 신앙을 전달하는 전통적 기관들은 여전히 상호연관 없는 개별적인 방식에 의존하여, 거의 그저 개인적 관계·대화·본보기·소집단 등을 통해 일을 수행하고 있는 듯이 보인다. 그런데 그것은 질적으로나 양적으로 당연히 매우 제한적일 수밖에 없다. 우리 신앙의 중심 개념과 사실들(하느님·창조·죄·예수 그리스도·은총·속죄·구원·부활 등)은 많은 청장년 세대 사람들의 가슴속에서 몰이해·냉담·무의미라는 죽음을 죽고 있다.[5]

그런 까닭에 적극적인 그리스도인들이 겪는 자기 자신에 대한 회

---

[4] M. Kehl, Kirche in der Fremde, in: Stimmen der Zeit 211 (1993) 507-20쪽 참조.

[5] D. Mieth, Die Fremdheit Gottes in Mystik und Moderne, in: Bulletin der Europäischen Gesellschaft für katholische Theologie 6 (1995) 44-57쪽도 참조.

의는 갈수록 고통스러워지고 있다. 현대 사회 안에서 교회의 역할은 도대체 어디 있는가? 교회의 핵심, 곧 하느님께 대한 인격적 신앙이 거의 관심의 대상이 되고 있지 못한 터에, 교회의 사명은 과연 무엇인가? 하느님께 대한 갈망이 사라진 것처럼 보이는 터에 — 혹은 적어도 온갖 다른 방법으로 대리 충족될 수 있다면 —, 도대체 무엇 때문에 교회의 선포가 아직도 필요한가? 요컨대 유럽에서 그리스도교 신앙에 아직도 미래가 있을까? 사람들이 바로 자신의 가정, 친구, 동아리, 사회적 활동 영역에서 갈수록 절실하게 겪고 있는 "후後그리스도교적 사회"(L. Bertsch)에 대한 체험은 우리에게 매우 낯선 것이며 당혹과 불안을 안겨준다. 이러한 문제들에 대한 해결책을 찾기 위해서는, 무엇보다도 일단 이러한 상황을 참아견디고 우리의 무력함을 솔직히 시인하는 것이 매우 중요하다. 그 무력감은 우리 교회의 새로운 비상飛翔을 위해 현재 상황을 크게 개혁하는 포괄적이고 "전방위적"全方位的인 새 출발을 절실히 갈망하고 있는 우리에게 덮쳐오는 무력감이다.[6] 우리는 멋진 아이디어와 계획들을 아주 많이 가지고 있고, 걸핏하면 "유럽의 새로운 복음화"에 관해 이야기한다. 그러나 아무도, 교황·주교·사제·예언자·신학자 또는 그밖에 교회 안에서 지도적 직무를 지닌 그 누구도 그러한 아이디어들을 어떻게 구체적으로 실천하여 광범위한 영역에서 성과를 거두게 할 것인지를 알지 못한다. 제2차 바티칸 공의회 이후 시작되어 아직도 질질 끌고 있는 교회와 현대 문화 사이의 대화도, 우리 동시대인들을 복음과 곧장 대결시키는 작업(복음주의파 또는 자유교회파의 선교방식의 의미에서)도, 또 전통주의에 터한 교회 내부에서의 현대 정신에 대한 배척도 대부분 실패로 끝났음이 드러나고 있다. 우리는 오늘날 물질적·구조적으로는 그렇지도 않지만, 영적

---

[6] M. Bongardt, Entschieden ratlos, in: Pastoralblatt 43 (1991) 39-51쪽 참조.

으로는 가난하고 어찌할 바를 모르는 교회와 마주하고 있다.

　이러한 현실을 정직하고 겸손하게 받아들이는 것은 상황의 치유를 위한 중요한 첫걸음이 될 수 있다 — 교부들의 오래된 (그리스도론적) 모티브를 빌린다면, "취함을 받지 못한 것은 구원될 수도 없다". 혹은 더 세속적으로 표현하여, 우리는 세상의 인정과 공감을 얻기 위한 문화적 (또한 교회 내적) 싸움에서 훌륭한 패자敗者가 될 수 있는가? 우리는 우리가 문화적 소수 집단이 되어가고 있다는 사실을 어찌할 줄 모르는 소극성과 남들에 대한 비방 없이 품위와 의연함을 지니고 참으로 받아들일 수 있는가? 더 나아가 우리는 우리 자신의 자녀·손자·친구·동료 들이 (얼핏 보기에) 우리 신앙에서 멀리 벗어난 그들 나름의 길을 가는 것을 — 비난과 억압 혹은 그들에 대한 호의의 철회로 대응하지 않고 — 허용하는 저 평정함을 "기도 속에서 견지"할 수 있는가?

3. 교회 내적 갈등들을
좋은 의미에서 "상대화"하기

그러한 문제들에 비하면 우리의 집안 문제, 곧 가톨릭 교회 특유의 문제들은 사실 부차적인 것이다. 그렇다고 해서 내가 그 문제들을 경시하려는 것은 결코 아니며(그것들은 많은 고통과 불필요한 정력 낭비를 야기하고 있다), 다만 상대화하고자 한다. 다시 말해 더 광범위한 사회 전체적·문화적 맥락 안에서 다루고자 한다. 그렇게 함으로써 많은 현상들을 훨씬 현실에 맞게 이해할 수 있다. 또한 이러한 관점은, 나의 경험에 의하면, 교회 내부에서의 논쟁을 현저히 감소·완화시킨다. 우리는 오늘날 문화적·교회적으로 발생하고 있는 일들에 대한 책임을 회피하려 하지 말고(해결되지 않은 교회 내적 갈등들을 수십 년 동안이나 배척하고 금기시해 온 결과, 시간이 흐를수록 필연적으로 이러한 갈등이 첨예화되고 있다!), 정직하고 겸손하게 다음 사실을 시인해야 한다. 즉, 우리는 교회의 신앙에도 위협적인 교회 안팎의 많은 근본적인 전개 과정들을 지금 당장은 크게 변화시킬 수 있는 힘이 없다. 우리는 일단 그 과정들을 매우 냉정하게 "분노와 변명 없이" 인지하고, 또 신앙 안에서 받아들여야 한다. 그 일이 때로는 심히 고통스럽다 하더라도 말이다.

그런데 나는 오늘날의 무자비한 교회 비판과 직무 비판, 특히 해결되지 않는 늘 똑같은 구조 문제를 비생산적이고 지루하게 끝없이 물고늘어지는 행태에는 일종의 속죄양 메커니즘도 **또한** (이것만은 아니지만) 작용하고 있는 것이 아닌가 하는 인상을 때때로 받지 않을 수가 없다. 왜냐하면 필경 우리 문화 속에는 그리스도교의 하느님께 대한 신앙의 소멸과 믿고 기도할 수 있는 능력의 상실에 대한 비애 같은 것도 존재한다고 나는 생각하기 때문이다. 이러한 비애를 많은 사람들은 (의식하지는 못하지만) 가치와 문화의 상실로서 체험하기도 한다. 이러한 상실감에 대한 사람들의 반응이 특히 교회에 우악스럽게 죄를 돌리는 일로 표현되고 있는 것이다. "우리와 다른 사람들이 더 이상 하느님을 믿지 못하는 것은 **교회**에 그 책임이 있다. 왜냐하면 그토록 비인간적이고 경직된 제도의 가르침은 전혀 신뢰할 수가 없기 때문이다. 교회 자체가 그렇게 신빙성이 없는 터에, 교회가 전하는 신앙 메시지라고 대단한 쓸모가 있겠는가?" 교회의 과거와 현재로부터 끊임없이 새로운 죄의 목록을 찾아냄으로써(부분적으로는 정당한 일이기도 하지만), 사람들은 종교적 진리 문제에 있어서의 자기 고유의 책임과, 신앙의 사실 자체에 근거하여 신앙에 대해 가부간의 결단을 내려야 하는 자신의 사명을 갈수록 교묘하게 회피하고 있다.[7]

약 30년 전까지만 해도 신앙과의 이러한 실존적 대결이, 당연한 것으로 받아들여지던 교회적·문화적 전제들 덕분에, 그래도 상당히 손쉬웠었다. 그러나 그후부터는 그 전제들이 더 이상 자명한 것으로 인정되지 않았고, 그것들 대신 이제는 공공연히 조직화된 합법적인 **교회 비판**이 들어서게 되었다. 이러한 교회 비판은 오늘날

---

[7] "오늘날 교회 비판가로서 여론을 주도하는 사람들 가운데 많은 이들은 교회와의 어쩔 수 없는 결별 과정에 있다. 거기에는 깊은 애증이 함께 작용하고 있다고 볼 수 있다. 사람들은 교회에 관해 현실과는 동떨어진 이상적 관념을 가지고 있으며, 그렇기 때문에 교회의 현실적인 모습을 더욱 극렬히 배척한다. 사람들은 아직도 교회에 많은 것을 기대하고 있으며, 바로 그때문에 교회에 대한 그들의 판결은 가혹하다. 그러나 더욱 심각한 문제는 아마 이 점일 것이다. 즉, 사람들이 아직 교회를 바라보고는 있지만, 교회의 메시지를 더 이상 듣지 않는다는 사실이다. 그러므로 교회는 자신으로부터 떨어져나가고 있는 세대의 그러한 사춘기적 결별 투쟁에 지나치게 휘둘리지 말고, 자라나는 뒷세대들에게 더 깊은 관심을 기울여야 한다. 그들은 정도 차이는 있지만 대부분 교회와의 접촉 없이 자라고, 교회에 관해 거의 아무것도 알지 못하며(특히 옛 동독 지역에 해당된다), 또한 교회 아래에서 고통을 겪어보지도 않았고, 그래서 선입관이나 편견도 별로 가지고 있지 않다. 선입관의 울타리가 낮은 곳에서는, 사람들이 교회의 메시지를 편견 없이 다시금 귀기울여 들을 수도 있을 것이다"(D. Seeber, in: Herder-Korrespondenz 47, 1993, 113쪽).

사람들이 신앙과 개인적인 대결을 할 때, 예전에 종파적 동아리에 안주해 있던 제도화된 교회가 수행하던 것과 똑같은 부담 면제 기능을 — 물론 전도된, 즉 부정적인 방식으로 — 수행하고 있다.

오해해서는 안될 점: 나는 이상의 고찰로써 현재에 이르기까지 역사를 통해 교회가 저질러온 수많은 죄과를 부인하거나 희석시키고자 하는 것이 결코 아니다! 오늘날 이러한 고찰이 그리스도인들 사이에서도 큰 공감을 얻고 있다는 사실에 대해 교회는 결코 책임이 없지 않다. 교회의 과오와 탈선에 대한 솔직한 고백의 기피, 여전히 저질러지고 있는 불행하고 독단적인 결정들, 그리고 많은 교회 내적 사건들에 있어서의 투명성의 결핍은 마침내 그러한 자기 방어 행동의 토양을 조장한다.

그러나 나는 오늘날 교회에 대한 비난의 격렬성의 원인이 **오로지** 교회의 이러한 (사실 공의회 이전 시기에 비하면 많이 개선된) 태도에만 있다고는 생각지 않는다. 그 원인들은 뭐니뭐니해도 문화와 결부된 것들이라고 말할 수 있다. 언제나 갈등은 내포하고 있었으나 어쨌든 유럽 문화를 꿀지어 온 교회와 유럽 사회의 수백 년 관계가 오늘날 일종의 대규모 해방 과정의 모습을 띠고 있는데, 이 과정은 불가피하게 특유의 공격성·의외성·당혹성을 동반하고 있다. 교회가 이 과정을 의연하게 (무엇보다도 우리 문화권에 속한 인간들에 대한 변함없는 사랑을 지니고) 극복하기 위해서는, 상황에 대한 냉철한 인식뿐 아니라 적절한 종교적·신학적 판단이 요구된다. 그것을 위해 아래에 몇 가지 도움이 되는 관점을 제공하고자 한다.

이 제1부에서 무엇보다도 중요한 것은 앞에서 제시한 명제를 상세히 입증하는 일이다. 그 작업을 위해 나는 몇 가지 더 새로운 문화·종교 사회학적 연구에 의존하고자 하는 바, 그 연구들은 우리 교회의 현실을 신학적으로 이해하는 데 많은 도움을 줄 수 있다.

제2장

신학적 시대 진단의
문화·종교 사회학적 측면들

1. 현대 속의 교회

ㄱ. 이른바 "현대화 추진"

"현대"와 "후後현대"Postmoderne라는 개념들은 오늘날 유럽 문화가 자신을 이해·해석하기 위해 사용하는 통상적인 틀이다.[8] 이 개념들은 특히 1960년대 말 전체 서구세계에서 일어난 문화적 변혁(표어: "68세대")과 밀접히 관련되어 있는데, 우리는 그 변혁을 "현대화 추진"Modernisierungsschub이라고 적절히 지칭할 수 있을 것이다.[9] 이것이 의미하는 바, 이미 근대가 시작되면서부터 (그러니까 유럽 계몽주의에 의해) **구조적**으로 그 근저에 깔려 있던 것이 이제는 **문화적**으로도 (그러니까 모든 세대, 사회 계층, 종파의 사람들의 일상적인 삶의 영역 안에서) 갈수록 강력하게 관철되어 가고 있다는 것이다. 그것은 바로 (사회철학적 관점에서) 구속력을 지닌 온갖 전통이나 제도들에 대한 개인 **주체성**의 무조건적인 우위이다.

그런데 오늘날의 주체성의 문화와 19세기 그리고 20세기 전반기의 고전적-근대적 현대 문화 사이에는 물론 큰 차이가 있다는 것에 주목해야 한다. 그때에는 (적어도 프로그램으로서는! — 사실 근·현대는 이미 언제나 매우 변증법적이었다) 인간의 주체성이 — 칸트의 유명한 세 가지 물음, 즉 나는 무엇을 알거나 인식할 수 있는가, 나는 무엇을 해야 하는가, 나는 무엇을 희망해도 되는가라는 의

---

[8] 각주 3의 문헌들 참조: 그밖에 U. Beck, Die Risikogesellschaft. Auf dem Weg in eine andere Moderne, Frankfurt a.M. 1986; M. Kehl, Der Universalitätsanspruch der Kirche in einer multikulturellen Welt, in: Die eine Welt und Europa. Salzburger Hochschulwochen 1995, hg. von H. Schmidinger, Graz 1995, 249-78쪽도 참조.

[9] 예컨대 F. X. Kaufmann, Religion und Modernität, Tübingen 1989, 217쪽 참조.

미에서 — 무엇보다도 자신의 **보편적**으로 타당한 합리성에 의해 규정되었던 바, 합리적·이성적 인식에 있어서뿐 아니라 윤리적 행동 그리고 마침내 종교적·세계관적 전체 설계에 있어서도 그러했다. 인간의 이 세 가지 근본 실천은 모두 보편타당한 이성에 의해 검증될 수 있어야 했다. **모든** 주체에게 타당할 수 있는 것, 그러니까 논증될 수 있고 윤리적·실제적 그리고 종교적으로 일반화·보편화될 수 있는 것만이 타당했다. 무엇보다도 근·현대 윤리학이 칸트의 다음과 같은 "정언 명령"kategorischer Imperativ 위에 기초하고 있음은 주지의 사실이다. "너의 행동의 원칙이 모든 사람의 행동의 원칙이 될 수 있도록 행동하라!"

 이러한 형태의 주체성은 그것에 대한 지나친 강조(특히 과학·기술 그리고 경제 분야에서 행해졌으나, 그러는 사이에 널리 일반화되었다)와 자체의 내적 모순들 때문에 위기에 봉착했다. 여기서는 잘 알려진 몇 가지 예만을 열거하기로 한다. (의심할 바 없이 매우 "효과적"인) 자연의 도구화로 인한 자연적 생활조건의 가속화된 파괴; 오로지 합목적적合目的的으로 이해된 이성에 대한 존중으로 인한 감성적·심미적인 것에 대한 경시; (예를 들어 사회와 역사에 대한 전체적인 설계 안에서) 모든 사람과 모든 것을 전유專有하려는 이성의 전체주의적 경향 등. 이러한 전형적인 현대적 이성 신앙이 사회적·공적 생활의 많은 영역에서 여전히 큰 세력을 지니고 있지만, 개인적인 삶의 세계, 특히 많은 사람들의 가치의식이니 예술과 문학에서는 주체와 주체성에 대한 또 하나의 개념이 갈수록 확고한 위치를 차지하고 있으니, 곧 **개인적 자아**individuelles Selbst가 그것이다. 소위 "인도주의적 심리학"과 그것의 중심 개념인 "자아 실현"의 의미 안에서, 이 "자아"는 인식에 있어서는 **자기 고유의 관점**을, 행동에 있어서는 **자기 고유의 양심**을, 그리고 포괄적인 인식 전망의 설계에 있어서는 자신의 특유한 삶의 감정이나 생활방식과 아울러 자기 고유의 전기(傳記)를 모든 것의 척도로, 모든 인식·행동·희망의 (사실 매우 허약한) 기준점으로 내세운다.

이렇게 변화된 — 개개인의 고유한 자아와 그의 한정된 삶의 세계를 아주 단호하게 일반적·보편적 이성보다 앞세우는 — 근본 관점이야말로 요즈음 많은 시대 진단가들이 "후현대적"이라고 지칭하는 현상의 골자라고 할 수 있을 것이다. 사람들이 "후현대"적이라는 말로써 참으로 현대 **이후의** 어떤 전혀 새로운 단계를 의미하는지,[10] 혹은 자신의 양면성과 모순들을 더 강렬히 의식하게 된 현대 **내부의** 어떤 새로운 현상을 의미하는지("반성적 현대")[11]의 문제는 우리에게 부차적인 것이다. 더 중요한 것은 이러한 정신상태와 결부되어 있으며, 신앙과 문화의 관계에 대한 우리의 물음에 중대한 의미를 지니는 두 가지 **근본 가치**이다.[12]

ㄴ. "반성적 현대"의 근본 가치들

① 근본적인 다원성

근·현대는 정신사·시대사적으로 갖가지 세계 내적 미래상에 의해 매우 강하게 꼴지어졌던 바, 그러한 미래상들은 — 전위대에 의해 담지되어 — 전진적으로 인류의 해방과 행복을 위해 실현되어야 할 터였다. 미래 인류의 일치와 완성을 꿈꾸었던 이 모든 보편사적 유토피아 내지 "미래 신화들"(J. F. 료타르드는 이것들을 "큰 이야기들" 혹은 "초meta소설들"이라고 지칭했다)은 한 시대의 통상적인 사고와 행동규범들에 정당성을 부여해 왔으나 오늘날은 설득력을 상

---

[10] 예를 들어 J. F. Lyotard, Postmoderne für Kinder, Wien 1987, 32쪽 이하.

[11] U. Beck, Die Risikogesellschaft, 14, 251쪽 이하 참조.

[12] E. Salmann, Der geteilte Logos. Zum offenen Prozeß von neuzeitlichem Denken und Theologie, Rom 1992, 특히 419-72쪽 참조. 내가 이 책에서 "현대" 또는 "후현대"에 관해 말할 때, 그것은 대개 오늘날의 "반성적 현대"를 의미한다.

실해 가고 있다. **이성**의 보편적 해방과 제도적·전통적인 모든 전제前提로부터의 자유라는 계몽주의의 유토피아는 어찌 되었는가(**오히려** 우리는 창조계와의 관계에서의 반이성적 작태, 되살아난 비이성적 국수주의, 폭력에의 각오 등을 체험하고 있다); 노동을 통해 해방될 **계급 없는 사회**라는 사회주의와 공산주의의 유토피아는 어찌 되었는가(**오히려** 이 유토피아를 실현하려던 현실적 사회체제는 붕괴했다); 또한 자유로운 시장경제의 발전과 자연과학 및 기술의 이용을 통해 보편적인 복지를 지향하던 자본주의의 **진보**의 유토피아는 어찌 되었는가(**오히려** 소수 지배층의 증대하는 부富 옆에서 세계 인구의 대다수는 갈수록 고통을 겪고 있다). 끝으로 문화들의 점증하는 개별화와 국가화 또한 모든 민족을 하나의 거대한 세계 공동체 안에 결합시키려는 과정에 저항하며 "보편적 해방의 지평"[13]을 분쇄한다. 간단히 말해서, 우리 시대에 대한 이러한 판단들에 의하면, "인류"라는 사회적 주체(오늘날의 역사 담지자들의 개별성·다양성·상호대립성과 미래를 위해 고대되는 **하나**의 해방되고 일치된 보편적 인간성 사이의 긴장을 해소시킬 수 있을)는 더 이상 존재하지 않는다.

이렇게 현대의 실패가 드러난 지금 우리에게 중요한 것은 전망도 통합도 보편타당성도 없이 전개되고 있는 인간·민족·문화의 무수한 **개별적 역사들**을 인정하는 일이라고 주장하는 사람들이 많다. 그러니까 우리의 근본적인 유한성·우연성·세간성을 시인하고, 무슨 보편적 역사 주체에 관한 비전 없이도 인간 공동생활을 보장하는 새로운 사고·행동 방식들을 — 예컨대 타자와 이방인에 대한 무조건적 관용, 사회적·생태학적으로 용인할 수 없는 자기파괴적인 모든 것에 대한 단호함, "감성적인 것에 대한 감수성"(E. Salmann),

---

[13] J. F. Lyotard, 54쪽.

상이한 관점과 언어들 사이의 "번역" 기술 등 — 모색해야 한다는 것이다.

현대 상황에 대한 이러한 분석이 얼핏 매우 설득력이 있는 것처럼 들릴 수도 있겠지만, "근본적 다원성"(W. Welsch)이라는 이 요청적 가정Postulat이 내게는 결국 그 자체가 모순으로 보인다. 왜냐하면 의미있고 성공적인 다원성은 어떤 식으로든 항상 일치를 전제하며 일치로 돌아가게 되어 있기 때문이다.[14] (물론 오로지 친교와 대화에 의한 상호 인정을 통해) 일치시키는 어떤 종교적·윤리적 혹은 세계관적 근본 전망 없이는 "근본적 다원성"이라는 설계는 실질적으로 "피상적 잡다성의 다원주의"(W. Welsch)로 전락하고 만다. 이것은 결국 "임의성과 피상성"(W. Welsch), 무책임과 개인주의, 타인에 대한 무관심, 고통받는 사람들과의 연대성 결여, 겉치레 자아실현에의 경도傾倒 등으로 나타난다. 그 실례로는 오늘날 많은 사람들이 그때문에 고통을 겪고 있는, 일치시키는 문화적 근본 합의 없이 그저 상호 신뢰와 의무에 터해 살아가는 결혼과 시한부 동거생활의 **모험성**을 언급하는 것으로 충분할 것이다. 매우 멋지고 매혹적인 이러한 "자유의 유희"의 희생자들은 결국 다시금 약자들, 곧 어린이·장애자·노인 등이다. 이미 이것만으로도 그리스도교 신앙의 선포가 후현대적 정신상태에 무비판적으로 적응해서는 안되는 이유가 될 것이다.

---

[14] W. Welsch, Unsere postmoderne Moderne, Weinheim 1987 참조. 침멀리(Zimmerli)는 웰쉬에 대해 비판적이다. W. Ch. Zimmerli, Das antiplatonische Experiment, in: ders., Technologisches Zeitalter und Postmoderne, München 1988, 13-35쪽 참조. 침멀리는 오늘날 우리의 다원적 문화 안에서 실제적 일치의 계기를 — 플라톤과는 달리 — 물론 더 이상 이데아나 유토피아의 이론적 차원에서 찾지 않고 "감각적 현상"의 차원, 구체적으로는 모든 것을 단일화(통일)하는 과학기술에서 찾는다. 과학기술적 단일 문명과 후현대적 잡다성은 문화의 영역에서 상호종속적이다. H. L. Ollig, Philosophische Zeitdiagnose im Zeichen des Postmodernismus, in: Theologie und Philosophie 66 (1991), 338-64쪽도 참조.

② 모든 사상事象의 가변성

앞의 이야기와 밀접히 관련된 우리 시대의 또 하나의 특징은 "모든 사물과 상태의 원칙적인 가변성"[15]에 대한 강조에 있다고 할 수 있다. 그런데 여기서 강조되는 것은 그저 모든 삶의 영역에서의 극심한 유동성과 가변성이라는 단순한 사실이나, 모든 것이 끊임없이 또 되도록 빨리 변한다는 것은 좋은 일이고 그래야 한다는 널리 통용되는 원칙만이 아니다.[16] 결정적으로 중요한 점은 무엇보다도 이러한 변화에의 기꺼운 각오와 끊임없는 유동성의 **내용적 공허**이다. 이러한 가변성·유동성이 자신의 방향정위와 정당성을 이끌어 내 오는 곳은 구속력있는 것으로 수용되는 전통들(예컨대 종교들)도, 보편적 동기를 부여하고 통합하는 유토피아들(예컨대 근·현대의 많은 세계관들)도 아니다. 그저 그때그때마다 낯설고 새로운 것에 대한 전적인 개방과 끊임없는 변화는 이미 그 자체가 가치있는 일로 평가되고 있다. 미래는 무엇보다도 개개인, 그들의 사적인 삶의 영역, 그리고 자연환경과 관련하여 누구나 갈망하는 "삶의 질"의 향상에 기여할 수 있는 모든 것들을 위한 "가능성의 공간"으로 간주되고 있다.

"현대"라는 오늘날 국면의 두 가지 근본 가치에 대한 간략한 특징 묘사는 이쯤에서 끝내기로 한다. 현대 정신의 그러한 의식이 우리의 유대-그리스도교적 **신앙체험**의 전달을 위해 문화적으로 거의 아무것도 뒷받침해 줄 수 없다는 것은 명백하다. 사실 이 신앙체험은 **과거**의 사건들, 즉 구약성서에서 에집트 탈출과 계약 체결, 그리고 신약성서에서 그리스도 사건을 통한 그 계약의 성취에 의거하고 있다. 하느님 백성의 정체성을 확립한 영구히 구속력있는 이

---

[15] F. X. Kaufmann, 19쪽.

[16] P. Sloterdijk, Eurotaoismus, Frankfurt 1989. 슬로테르디크는 이러한 현상에 대해 우리 전체 문화의 "총동원"(Mobilmachung)이라는 개념을 사용하고 있다.

근원적 사건들은 모든 시대와 지역을 통하여 전승되고, 선포 · 전례 · 봉사 안에서 끊임없이 새롭게 **현재화**한다. 그리하여 하느님 백성과 (하느님 백성의 중개를 통하여) 모든 인간, 특히 가난한 사람들에게는 특정한 내용의 미래상이 주어지는 바, 곧 하느님 나라 안에서 하느님의 사랑과 정의에 의하여 화해된 창조계라는 미래상이 그것이다.

신앙인들의 자유가 이 메시지에 기꺼이 자신을 복종시키는가에 오늘날에도 그리스도교적 실존의 정체성이 달려 있다. 성서 전승에 터한 실천적 · 윤리적인 삶도 그러한 복종 안에서 비로소 굳건히 설 수 있다. 우리에게 주어져 있는 교회의 공동신앙의 공간 안에서 하느님과 인격적 관계를 맺기 위해, 일생 동안 (많은 시간과 인내를 들여서) 교회의 신앙 공동체 안에서 성숙에 이르겠다는 의지도 그러하다. 오늘날 우리의 인식과 행동을 이끌어가는 의미 전망으로서의 하느님 나라에 대한 희망도 그러하다. 역사를 선취先取하여 완성하고 성취한 예수 그리스도 안에서 하느님이 사람이 되신 사건과 그분의 보편적인 구원 의미에 대한 신뢰도 그 메시지에 대한 자발적인 복종 안에서 굳게 설 수 있다. 그런데 이 모든 것이 오늘날 설득력을 크게 또 급속히 상실해 가고 있다. 그 까닭은 그것들을 설명하고 전달하기 위한 적절한 언어와 살아 있는 상징들이 우리에게 결여되어 있기 때문만이 아니라, 오히려 그보다는 우리 문화 안에는 신앙과 전혀 반대되는 선택들이 큰 세력을 누리고 있기 때문이다. 그러므로 신실한 그리스도인들은 우리 자신의 문화, 우리가 공동책임을 지고 있는 문화 속에서 "낯선 종자들" 아니 더 나아가 기이한 물건들이 될 각오를 갈수록 굳게 해야만 한다. 주지하다시피 이집트 탈출에 뿌리를 두고 있는 "유랑하는 하느님 백성"에게는 사실 무리하고 부당한 요구란 본디부터 없는 것이니까. …

ㄷ. 현대를 "악마화하는" 것에 대한 반대

이런 상황에 직면하여, 요즘 가톨릭 영역에서 또다시 유행하는 반反현대주의적 만가輓歌를 ― 현대 문화는 전적으로 사악하고 그 안에는 그리스도교 메시지와의 연결고리가 전혀 없다는 식으로 ― 따라부르는 것은 아무 의미가 없다! 이 문화 역시 그리스도의 구원 업적 안에 포섭되어 있고, 이 문화에도 호의와 공감을 지니고 복음을 선포해야 하며, 이 문화 또한 약속된 하느님 나라를 향해 가는 모든 하느님 자녀들의 보편적 순례 공동체에 속해 있다. 게다가 오늘날도 여전히 중요시되는 현대 문화의 많은 중심 가치들은, 특히 그 인간학적이고 윤리적인 근본 동기에 있어 우리 신앙의 자기이해와 "양립"할 수 있으며, 나아가 우리에게 솔직하고 성실한 대답을 요구하는 심각한 물음이기도 하다. 예를 들어 타자의 근본 신념들에 대한 관용, 그러니까 그릇된 선교 열정과 전체주의적 광기로 그를 전유專有하거나 강제로라도 행복하게 만들려 하지 않고 타자를 타자로서 인정하는 것; 모든 윤리 문제에서 개인 고유의 양심의 결단을 최종 심급審級으로서 강조하는 것; 개인, 사회, 환경에 관계되는 모든 과정에 있어 의사소통과 참여에 대한 존중; 개인 삶의 형성에 있어 자유와 자결에의 욕구; 절대주의적 요구와 주장들에 대한 회의 등등. 이런 가치들은 서구 그리스도교 전통에 뿌리를 두고 있으나, 지난 수세기 동안 그리스도교 내에서 활동 공간을 거의 얻지 못했고, 그래서 오늘날 우리 문화의 그리스도교적 과거에 대해 흔히 공격적 비판이 제기되고 있다. 이러한 가치들이 교회 안에서도 정당한 거주권을 확실히 회복해야 한다. 교회가 현대 한가운데서 전통주의적 게토가 되지 않겠다면 말이다.[17]

---

[17] 그리스도교와 "후현대"의 바람직한 만남을 위한 원칙적 고찰에 관해서는 E. Salmann, 443-69쪽 참조.

ㄹ. 필연적 귀결

하지만, 우리가 현대에 대해 아무리 마음을 활짝 연다고 해도, 한편으로 현대의 양면성은 결코 부인할 수가 없다. 그리스도교 신앙에 무거운 짐을 지우는 현대 문화의 의식 내용의 두 가지 특유한 결과들을 지적함으로써, 그러한 양면성이 뚜렷이 드러날 것이다.

① 그리스도교 신앙과 제도 비판적 현대

　교회와 현대 사이의 긴장 가득한 관계는 결국 자신의 자유와 개(체)성을 의식하게 된 현대인들과 **제도들**간의 어려운 관계와 결부하여 고찰해야 한다. 이미 헤겔은 근·현대 사회의 근본 문제는 인간의 개인적 주체와 규모 크고 형식화된 사회 조직간의 상호 소외라고 보았다. 이러한 소외는 한편으로는 개인들을 갈수록 사생활 영역에로 퇴거하도록 만든다. 무엇보다도 안전함과 친밀함을 추구하는 개인들의 사생활 영역은 자신의 삶을 성취하는 거의 독점적인 장소가 된다. 다른 한편으로 사회 제도들은 그저 개인들의 삶에 필요한 것들을 충족시켜 주는 공적 기구로 간주된다. 그리하여 오늘날 거의 모든 대규모 사회 제도들 안에서 개인 자아와 사회적 현실간의 대립이 갈수록 첨예화되고 중재가 되지 않는다. 정치(만일 할 수만 있다면, 얼마나 많은 사람들이 국가로부터 "나가 버리려" 할 것인가!), 교육, 국민 보건제도, 문화사업, 노동조합 등등. 우리 사회 어디에서나 과도하고 성급한 (그래서 또한 변증법적이지 못하고 우악스럽고 대체로 별 효과없는) 제도 비판은 많은 동시대인들의 평균적 의식의 일부를 이루고 있다. 한편 이러한 제도 비판과는 다른, 일종의 **생산적** 개혁 전략으로서 사람이 조망하고 참여할 수 있는 많은 사회 형태들의 생성과 성장을 발견할 수 있다(특히 새로운 사회적·생태학적 운동들 안에서). "고전적" 제도들과 이 새로운 운동들 사이의 갈등 가득한, 그러나 그렇기 때문에 혁신적이기도 한 대결은 오늘날의 사회적 발전 단계가 직면하고 있는 진지한 도전이라고 할 수 있다. 왜냐하면 그것을 통해 개인의 자유가 다시금 더 "구체적"(헤겔적 의미에서)으로 — 다시 말해 정치·사회적으로 중요하게 — 될 수 있기 때문이다.

이러한 사회 전반적인 과정에 큰 교회들도 그들 나름으로 끌려들어가 있다. 그래서 교회들이 고유한 신학적 자기 이해에 걸맞게 일차적으로 "신앙 공동체"로 인식되지 않고, 오히려 일반적이고 개인적인 종교적 욕구들(불안의 해소, 불확실성이나 한계체험의 극복, 의미 위기에서의 도움, 개인과 가족들 인생의 중요 단계에서의 통합 의례 등)을 충족시켜 주는 "관청 교회"Amtskirche로, 다시 말해 주요 직무 보유자들에 의해 대표되고 관료주의적으로 조직된 공공기관으로 인식되고 있다. 사실 교회들 자체가 자신들에 대한 이러한 기대에 꽤 부응해 왔기 때문에, 우리 사회에서 교회들이 관청 교회의 모습을 띠고 있는 것이 불가피한 일인지도 모르겠다. 아무튼 그래서 교회들은 해결하기 힘든 하나의 **딜레마**에 빠져 있다. 교회들이 사회 전반의 종교적 기대들을 충족시켜 주고자 하면 할수록(이런 면은 개신교가 가톨릭보다 강하다), 그만큼 더 교회들은 사람들이 신앙과 종교를 "관리하는" 거대하고 익명적인 이 제도들에 거리를 두고 다기기며, 그저 종교적 욕구를 충족시키기 위해서만 이주 가끔씩 교회를 필요로 하지만, 그러나 교회를 더 이상 생생한 신앙이 살아 있는 공간으로서 찾지는 않는다는 사실을 절감해야 한다.

이번엔 거꾸로, 만일 교회들이 이 기대들을 충족시켜 주지 **않으면**, 그 대신 예수 그리스도의 복음을 선포하고 사람들에게 그분을 추종하라고 촉구하며 그리하여 그들을 하느님 나라의 백성으로 모으는 자기 고유의 사명을 더 강력히 수행한다면, 교회는 즉시 사회적 호응과 위세를 상실하게 된다. 사람들은 기대가 어느 한도 이상으로 어긋난다 싶으면, 미련없이 더 적응을 잘 하거나 "다루기 쉬운" 의미중개인Sinnagentun을 찾아간다.[18]

한편으로는 사회적으로 조건지어진 개인들의 종교적 기대들과 다른 한편으로는 교회적·제도적 신앙의 선포 사이의 새로운 중재의 길은 — 앞에서 언급한 사회적 중재방식들과 유사하게 — 교회 내의 새로운 영적 혹은 사회적 운동들(살아 있는 "신앙의 세포들", "생활 동아리", 대화 모임 등 — 교회 공동체 안에서건 독자적이건)을 거쳐 가는 것이 아마 가장 바람직할 것이다. 이러한 새로운 중재에 관해서는 뒤에서 상세히 다루기로 한다.

② 그리스도교 신앙과 "내면적" 종교

몇 년 전까지만 해도 "예수는 좋다, 그러나 교회는 싫다"라는 유행어가 많은 유럽인들의 교회에 대한 입장을 특징지어 왔는데, 오늘날에는 아주 다른 표어가 유행하고 있다. "종교는 그럭저럭 괜찮으나, 인격적 하느님은 싫다"(J. B. Metz). 이것이 의미하는 바, 종교가 자신을 초월적인 것(어떤 의미든간에), 궁극적 의미, 삶의 비밀, 우주적 누미노제Numinose, 모든 것을 포괄하는 우주적 조화와 완전성에 대한 개방으로 이해하는 한, 종교는 현대 사회에서 대단한 호응을 불러일으킨다는 것이다. 이 점은 밀교, 자연신비주의적·생태학적 사조들, 뉴 에이지, 신新그노시스, 고古신화 등에의 열광이 분명히 입증해 준다. 오늘날 고도로 분화되고 복합적인 사회생활에 직면하여 의미를 부여하는 궁극적이고 명료한 어떤 종합을 추구한다는 것은 사회적으로 전적으로 정당하다. 그런데 갈수록 사람들은 그러한 것을 그리스도교 신앙 안에서는 찾지를 않는다. 인격적인, 아니 더

---

[18] 이 주제에 관해 상세히 알려면 M. Kehl, Die Kirche, 181-8쪽 참조.

나아가 인간이 되신 하느님께 관한 그리스도교 신앙의 메시지는 많은 사람들에게 그야말로 너무 신인동형설적神人同形說的이고 너무 구체적이며, 과연 너무 억압적인 것으로 비쳐지고 있다. 그들에게는 "신적인 것"에 대한 개방이 결코 어떤 "신적인 당신"에 대한 인격적인 결합(속박)으로 구체화될 수가 없고, 또 되려고 하지도 않는다. 그러한 속박은 또한 필연적으로 개인적·사회적 기풍에도 구속력있는 결과를 초래한다(예컨대 십계명 등). 더 나아가 교회가 이러한 하느님과의 결합을 신앙인들에게 의무를 지우는 구속력있는 언어(신경, 교의)로 표현하고, 또 이 신앙의 윤리적 귀결들을 준수할 것을 요구할 때, 그리스도교의 메시지는 현대의 종교적 감성에게는 전혀 이해할 수 없는 것으로 비쳐진다. 종교라는 것이 그저 개인 내면의 영역에 속하는 순전히 주관적 감정의 문제로 간주되고 있다. 이렇게 개인 고유의 자아실현이라는 이상의 의미 정초定礎적 제고制高인 종교가 상호주체적이고 구속력있게 표현될 수는 결코 없다는 것이다.

지금까지 신앙에 큰 영향을 미치는 현대적 "시대정신"의 특히 주목해야 할 몇 가지 결과에 관해 살펴보았다. 물음은 갈수록 절박해지고 있다. 어떻게 우리는 이 도전을 창조적으로 수용하고 오히려 현대적 복음선포의 기회로서 포착할 수 있을까? 현대 정신에 단순히 적응해서도 안되며, 겁을 먹고 거기에 등돌리고 전통주의의 도피성城으로 후퇴해도 결코 안된다. 그리스도교 신앙은 자신의 정체성을 언제나 두 가지 대립적인 운동 사이의 변증법 안에서 발견해 왔다. 이미 주어져 있는 특정한 문화적 환경에의 **접합** 그리고 동시에, 필요한 경우에는, 자명한 것으로 인정되고 있는 지배적 문화에 대한 **저항**을 통해서 말이다. 첫째 것은 — 그리스도교가 문화적으로 확고히 자리잡고 있었던 덕분에 — 20세기 중엽에 이를 때까지 오랜 세월 동안 (적어도 종파적 세계 안에서 "하위 문화적"으로는) 비교적 성공적으로 수행되어 온 반면, 둘째 것은 가속화하는 문화적 반反고착화의 흐름 속에서 참으로 힘들여 다시 배워야 한다(3부 2장 3절 ㄴ참조).

지금까지 말한 것이 교회와 문화에 대한 우리의 **종교적** 입장에 의미하는 바, 우리는 오늘날 하느님 백성으로서의 정체성을 부분적으로는 "문화적 불순종"(B. Rootmensen)이라는 형식을 통해서 — 그러니까 "광야의 숙영지宿營地들"을 통과하는 행군을 감행할 각오로 — 집약적으로 모색해야 할 것이다. 우리는 개개인 그리고 하느님 백성으로서 우리 신앙의 근본체험에 터하여 훨씬 의식적으로 살아가야 하며, 더 이상 문화적 안전장치 안에서 행동할 수는 없다.

그리하여 이스라엘과 예수의 종교적 체험과 깊이 결부되어 있는 하나의 근원적 단어가 오늘날의 신앙 상황 앞에서 새로운 상징적 힘을 얻고 있으니, 곧 "광야"이다.

광야는 글자 그대로든 전의적轉義的이든 에집트와 가나안 사이의 지역이다. 그곳은 율법이 주어진 곳이요 첫사랑의 장소다. 그래서 훗날 호세아는 이렇게 말했다. "이제 나는 너를 꾀어내어 광야로 나가 사랑을 속삭여 주리라"(호세 2.16).

광야는 40년 혹은 40일간의 배움의 장소다. 온갖 불평이 터져나오는 지극히 가혹한 삶의 학교다.

광야는 인간들이 침묵과 고독 속에서 깨달음에 이르는 곳이며 하느님께서 때때로 인간에게 말을 건네시는 장소다.

광야는 사회의 변두리에 있는 장소다. 사람들은 그곳에서 "내부 사람"이면서 동시에 "외부인"이다. 그러나 후자, 곧 "타곳 사람과 뜨내기"로서의 존재가 그곳에서는 주된 것이다.

광야는 뿌리뽑힘의 상징이요 동시에 쇄신의 상징이다. 이 마지막 의미 안에서 우리는 특히 이사야 40-55장에 나오는 "광야"가 바빌론 유배 때의 광야신학의 결정체임을 발견한다.[19]

우리가 신·구약 성서의 이 신실한 "광야신학"을 다시금 새로이 우리 것으로 만든다면, 현대 문화 속에서의 소외 체험이 실로 하나의 해방하는 **도전**이 될 수 있다. 그 도전은 우리로 하여금 우리의 원천에로 새로이 나아가게 하고 우리를 정련하며, 우리에게 새로운 투명성과 삶의 의지를 선사하며, 우리가 현대 문화에 창조적으로 대응하고 그럼으로써 우리 나름으로 현대 문화의 그릇된 전개 과정을 극복하는 데 기여할 수 있게 해준다.

---

[19] B. Rootmensen, Vierzig Worte in der Wüste, Patmos Verlag Düsseldorf 1991, 50쪽.

2. "체험사회" 속의 교회

이 절(節)에서는 지금까지 고찰해 온 것을 또 하나의 관점을 통해서 보완해야 하겠다. 이 관점은 밤베르크의 사회학자 게르하르트 슐체에게서 비롯하는데, 그는 오늘날의 독일 문화를 "체험사회"라는 말로 특징짓고 있다.[20] 슐체가 우리 사회를 해석하는 열쇠는 "체험의 방향정위" 내지 "너의 삶을 체험하라!"[21]이다. 모든 것이 빠듯하던 사회에서 남아도는 사회로 넘어오면서 우리들의 삶의 태도는 근본적으로 변했다. 노동, 사회적 출세, 노후 보험 등을 통하여 생활과 노년을 보장해야 하는 "밖으로의 방향정위"는 오늘날 더 이상 중요시되지 않고, 대신 "안으로의 방향정위"가 강조되고 있다. "나를 즐겁게 하는 것은 무엇인가?" "무엇이 내 인생을 멋지고 살 만하게 만들어 주는가?" 슐체의 대답: "멋진 삶의 계획이란 무엇인가 중요한 것을 **체험**(er-leben: '그가 산다'라고 말장난할 수도 있다 — 역자 주)하겠다는 계획이다."[22]

이 계획에는 무엇보다도 "일상생활의 미학적 구성"이 도움이 된다. 일상생활, 그 공간과 일용품들, 통상적인 삶의 실천, 그리고 특

---

[20] Gerhard Schulze, Erlebnisgesellschaft. Kultursoziologie der Gegenwart, Frankfurt 1992. 또한 A. Foitzik, Anlehnungsbedürftige Egozentriker, in: Herder-Korrespondenz 46 (1992) 510-4쪽도 참조.

[21] 이 말에서 사람들은 아마도 그 옛날 호라츠의 에피쿠로스적인 말 "하루를 쓸모 있게 이용하라!"의 현대판을 알아볼 수도 있을 것이다 — 아무튼 호라츠의 말은 현대의 성취사회적 의미나, 신약성서적 의미(주님의 재림이 가까웠으니 깨어 있으라는)가 아니라, 그야말로 에피쿠로스적인 의미에서 알아들어야 한다. 즉, "그날의 아름다운 열매를 따서 그것을 즐겨라!"라는 뜻이다. 호라츠의 이 말을 시적·미학적으로 충만히 실현된 삶을 위한 결정적 원칙으로 널리 선전한 "죽은 시인들의 클럽"이라는 영화가 1980년대 말 훌륭한 컬트 영화의 하나로 꼽힌 것은 우연이 아니다.

[22] G. Schulze, 38쪽.

히 인간의 몸조차도 그것들이 일종의 체험질Erlebnisqualität을 얻을 수 있게끔 관리되고 꼴지어져야("스타일화"되어야) 한다. 그것도 그저 피상적·일시적 우연성이 아니라, 개인적 "스타일"과 특정한 "삶의 철학"(이 두 가지는 사회적 식별 표지의 기능을 한다)의 밀접한 연관성에 터하여 그렇게 해야 한다.

실제로 가능한 체험과 스타일들은 매우 풍부하지만, 한편으로 개개인들은 방향정위나 근거를 필요로 한다. "어떠한 체험들이 나의 삶을 오랫동안 참으로 멋지고 의미있게 만들어 줄 것인가?" 슐체에 의하면 이러한 필요성은 한편으로는 특정한 "일상미학적alltagsästhetisch 도식들"에 이르게 되는데, 이 도식들은 수많은 가능한 체험과 스타일을 무리별로 그리고 공통된 것끼리 분류·정돈한다. 고급 문화 도식, 통속적 도식, 긴장 도식. 또 한편으로는 더 나아가 사회적 현실 자체 안에도 전혀 새로운 "동아리Milieu 만들기"가 생겨난다. 이러한 동아리들은 방향정위를 해야 하는 개인들의 무거운 짐을 덜어주고, 개성을 부여하는 일(개인적 스타일)과 집단화하는 일(사회적 안전)을 동시에 가능하게 하는 장치를 마련하고자 노력한다.[23] 이러한 체험지향적 동아리들은 앞에서 언급한 "도식들"의 테두리 안에서 주로 연령(40세 이상과 이하), 교육, 개인적 생활양식에 따라 분류·형성된다.

슐체에 의하면 이러한 커다란 사회적 동아리들은 다섯 가지로 뚜렷이 구별된다. **수준 동아리**(여기서는 높은 사회적 지위·성공·명성·영향력 능이 주요 관심사이고, 대부분의 구성원은 비교적 높은 교육을 받은 중년층 사람들이다); **조화 동아리**(대부분 평범한 학교교육을 받은 중년들의 모임. 위협적인 세상 한가운데서 안전감과 인정미를 추구하는 것이 주목적이다); **통합 동아리**(앞의 두 동

---

[23] M. 본가르트는 이 조합을 "속박됨 없이 결합되어 있기"라고 적절히 표현했다.

아리와 상당히 비슷함. 평균적인 교육을 받은 중년들을 많이 포함하고 있으며, 적응과 사회적 일치가 특히 중요한 관심사이다. 표어: "기분좋게 둘러앉은 자리에서의 범례적 체험 이야기");[24] **자아실현 동아리**(40세 이하의 고등교육을 받은 사람들 중심: "모차르트와 록음악, 미술 전시회와 영화관, 명상과 행동 사이의 … 극과 극을 오고가기");[25] **오락 동아리**(주로 학교 교육을 별로 받지 못한 젊은층 중심; 이 동아리는 실제 사회 현실에 대한 무관심 그리고 순간순간의 체험 욕구를 충족시키기 위한 끊임없이 새로운 자극의 추구로 특징지어진다). 이 동아리들 사이에는 상호간의 몰이해와 무시가 두드러지게 나타나고 있으며, 그래서 슐체는 일종의 "자기 동아리 중심주의"[26]에 관해 말하고 있다.

이러한 문화 분석은 현대의 교회 상황을 이해하는 데 많은 도움이 된다고 생각한다.[27] 나는 세 가지 관점을 특히 강조하고자 하며, 그러는 가운데 어려운 점들 그리고 또한 기회와 도전들도 간략하게 언급하기로 한다.

i) 모든 세대, 교육 수준, 생활양식의 사람들을 아우르는 신앙 공동체 건설을 주장하는 교회는 이처럼 지나치게 동아리 중심적인 정신상태와는 쉽게 양립할 수 없다. 우리 앞에는 서로 닫아 걸어놓은 동아리들의 문을 억지로라도 열어젖히고 상호 대화로 이끌어야 할 과제가 놓여 있다. 다시 말해 우리는 한두 개의 사회적 동아리에만 관여해서는 안되고, **모든 사람**을 위한 기쁜 소식을 지니고 있는 교회의 구성원으로서 가능한 한 다종다양한 동아리들 안에 자리해야 한다. 거기서 동무를 사귀고 그들의 세계를 이해하려 노력하며, 상이한 삶의 영역들에 대한 상호 이해를 일깨워야 한다.

---

[24] G. Schulze, 307쪽.   [25] 상동, 312쪽.   [26] 상동, 541쪽.

[27] M. Kehl, Christ und Priestersein in der "Erlebnisgesellschaft", in: Geist und Leben 68 (1995) 64-6쪽 참조.

오늘날 선교에 헌신하는 그리스도인들은 "동아리 월경자들"이어야 할 것이다. 그렇게 하는 가운데 아마도 동아리들을 포괄하는 신앙의 체험 공간을 열어주는 일도 때때로 성공적으로 이루어질 수 있을 것이다(예를 들어 축제, 공동기획 또는 여행, 기도나 성서 모임 등에서).

ii) 더 나아가 오늘날 우리에게는 무엇보다도 **전례에 있어서의 창조적 상상력**이 요구된다. 우리는 과연 예배 안에서 정신과 감관을 아우르는 상징, 몸짓, 동작 그리고 놀이적 요소들로 충만한 하나의 미학적-제식적 삶의 공간을 마련한다. 우리가 현대의 체험문화 속에서 여전히 한 자리를 차지할 수 있는 가능성은 우리가 다양화·차별화되고 시대에 걸맞은, 지난 수십 년 동안의 주지주의적 말잔치에서 벗어날 수 있는 전례문화를 계발할 수 있느냐에 크게 좌우된다고 나는 생각한다. 그러한 전례문화는 전례의 "사효성"事效性 같은 것에나 만족해서도 안되고, 또 일종의 경건한 "쇼 비지니스"로 전락해서도 안된다. 그리스도교적 정체성과 품위를 손상시킴 없이, 전례문화는 "우리 시대의 자녀들"의 마음에 깊은 인상을 주도록 노력해야 한다. 그러한 (실로 여러 겹의) 문화의 세 가지 좋은 예를 나 자신이 짧은 기간 안에 체험할 수 있었다. 한번은 빙겐의 로쿠스 축제 때에 루르드 전통 양식에 따라 행해진 촛불 행렬; 그 다음은 "아르쉐"Arche에서 장애인들과 함께 드린, 굉장한 자발성으로 인해 살아 있던 예배; 끝으로 떼제에서의 밤 기도.

iii) 체험사회의 한 가지 특징은 우리 문화권 안에서 나름대로 확고한 자리를 차지하고 있는 모든 동아리로부터 떨어져나간 사람들, 그리고 전혀 다른 문화권 안에 살고 있으며 그곳에서 미학적인 "체험" 속에서 자신의 삶의 의미를 찾기는 고사하고 흔히 "살아남기" 위해 애쓰는 사람들과의 **연대**가 사라져가고 있다는 사실이다. 현대 체험사회의 정신은 가난한 사람들에게 적대적이다. 나는 여기에 교회가 이 사회 한가운데에서 **대안적 체험세계들** — 곧 오늘날 어떠한 형태로든 가난한 사람에 속하는 이들이 그 안에서 참으로 서로 친밀하게 통합되어져 있는 공동체와 공동사회들 — 을 건설할 중요한 기회가 있다고 생각한다. 이 일은 흔히 진정한 "모험"이 되며, 그 깊이·아름다움·인간성에 있어 우리 문화의 통례적 체험질質을 훨씬 능가하는 "체험"들을 선사한다. 그리고 이러한 유대는 물론 말 그대로의 의미의 동정mit-leiden(함께 괴로워함)을 요구한다.

근본적으로 체험지향적인 문화에 대한 접합이나 저항들이 개별적으로 어떤 결실을 거두든간에, 교회의 통례적인 증언(앞의 i), 전례(ii), 봉사(iii)가 전혀 새로운 방식을 취할 것을 요청받고 있다는 사실에는 이론의 여지가 있을 수 없다. 그러므로 공의회 이후의 소란스럽고 우려되던 "실험 단계"는 지나갔다고 생각하거나 더 나아가 공공연히 떠들어대는 사람이 있다면, 그는 필경 큰 착각에 빠져 있는 사람이다. 오히려 나는 그리스도교 신앙과 현대 문화 사이의 참으로 창조적인 대결의 "뜨거운 단계"가 그야말로 코앞에 닥쳤다고 생각한다 — 만일 우리가 애당초 현대 문화를 신학적·사목적으로 그대로 베끼려고 하지 않는다면 말이다.

3. 종파적 환경들을 상실한 교회

ㄱ. 소멸해 가는 교회의 사회적 형태의 중요성과 한계

우리 사회가 고도의 개인화 · 다원화에도 불구하고, 또 한편으로는 특정한 "환경(동아리)들"Milieus 안에서 조직되어 있다는 사실은, 또 다른 현상을 주목하게 만든다. 즉, (지역에 따라 속도와 강도가 매우 각이하게 진행되고 있지만) 소위 "종파적인 사회적 환경들"의 해체 과정이 그것이다.[28] 19세기의 낭만주의와 복고주의로부터 앞에서 언급한 1960년대의 "현대화 추진"에 이를 때까지, 커다란 교회들 특히 가톨릭 교회는 신자들을 — 특히 시골과 소도시의 수공업 · 상업 지역에서 — 잘 보호된 동질적 하위 문화들 안에 결합시킴으로써, 계몽주의의 도전과 물음을 비교적 성공적으로 피해갔다. 이러한 환경들의 분위기는 개인들의 하루 · 1주일 · 1년 · 일생의 리듬 안에서 크게 교회적-종파적으로 꼴지어졌다. 그래서 이 환경들 안에서는 **개인적** · 내면적 신앙심, **교회적** · 제도적 신앙 관리 그리고 신앙의 **사회적** · 문화적 형성력의 놀랄 만한 통합이 이루어질 수 있었다. 이리하여 이 환경들은 — 온갖 속박과 사회적 통세에도 불구하고 — 어쨌든 대부분의 그리스도인에게 안전함을 느낄 수 있는 공간과 신앙 안에서의 고향을 제공해 주었다.

그런데 교회의 이런 모습이 지난 30년간의 사회적 변화의 와중에서 끊임없이 해체되어 가고 있다. 그 구체적 원인들을 여기서 다시

---

[28] 특히 각주 3에서 제시한 문헌들을 참조할 것.

한번 설명할 필요는 없겠다(카우프만F. X. Kaufmann, 가브리엘K. Gabriel, 알터마트U. Altermatt 등이 그 원인들을 철저히 연구·분석해 놓았다). 아무튼 그러한 해체의 가장 심각한 결과는 그리스도교가 사회적으로 포착할 수 있고 구속력있는 형태를 크게 상실해 가고 있다는 사실이다. K. 가브리엘은 이것을 그리스도교의 "탈제도화"라고 지칭했다. 지금까지 지배적이었던 신앙의 공식적-교회적 형태는 갈수록 개인 자아에 기초한 종교성의 단순한 배경이나 틀로 간주되거나, 혹은 누구나 거기에서 (예를 들어 광고, 영화, 연극, 문학에 이용하기 위해) 자기 나름의 생각에 맞는 것을 끄집어낼 수 있는 문화적·역사적·미학적 창고로 이용되고 있다. 아무튼 세 영역 — 개인적 신앙, 교회적 선포, 문화적 일상생활 — 의 성공적 통합은 갈수록 어려워지고 있다. 그런데 많은 그리스도인은 교회의 사회적 구조의 이러한 근본적 변화를 일종의 거대한 해방으로 체험하고 있다. 곧 그들이 동아리 가톨릭주의Milieukatholizismus의 어두운 면으로서 절감해 왔던, 지나치게 제도화되고 답답하고 폐쇄적이며 또 흔히는 불안에 사로잡힌 그리스도교로부터의 해방 말이다. 그러나 그와 함께 신앙 안에서의 방향정위와 안전감의 상실 또한 두드러지게 나타나는 것은 필연적인 일이다. 그러나 안전감과 자주성 두 가지를 동시에 얻는다는 것은, 글쎄 있음직하지 않게 보인다.

ㄴ. 새로운 국면

이렇게 전통적인 환경들이 제지할 수 없이 소멸해 가는 과정에서 흥미로운 점은, 가톨릭 교회가 단순히 수많은 개인적·소집단적 종교성 안으로 해체되어 버리지는 않는다는 사실이다. 오히려 K. 가브리엘은 오늘날 독일어권 가톨릭 교회의 외관을 형성하고 있는 규

모 크고 포괄적인 구조 내지 부분들을 다섯 가지로 파악·제시하고 있는데, 상당히 설득력이 있다:[29]

① **"가톨릭주의적"** 부분Sektor:[30] 현대의 종교적 근본주의의 가톨릭적 변체라고 할 수 있다. 적극적인 교회 구성원들의 약 5~10%가 여기에 속하는데, 그들을 특징짓는 것은 공의회 이전 시대에 집착하는 극단적으로 현대 비판적이고 복고주의적인 정신상태이다.

② **공동체 지향적("명시적")** 부분: 적극적 교회 구성원들의 약 20~25%가 여기에 속하는데, 그들은 특히 지역 공동체들 일에 적극 참여하여 교회생활을 떠받치며, 교회의 신앙 전제들을 구속력있는 것으로 간주한다(물론 개인생활 특히 성윤리에 관계되는 규범들은 그렇게 구속력있는 것으로 받아들이지 않는다). 동아리들Milieus 대신 격格인 이 부분은 완만히 그러나 꾸준히 줄어들고 있다(특히 고령화 때문에).

③ **"잠재적"** 또는 **"분산된"** 부분: 점점 더 대중문화에 의해 꿀지어지고 가족 (특히 자녀) 중심적인 종교성으로 특징지어진다. 그저 특별한 기회(예를 들어 "인생의 전환기"나 위기, 혹은 성탄절, 성 마르틴 축일, 교회 봉헌식 등 대중적 축제)에 친숙한 민속적·교회적·전통적 의식들을 거행하며, 그것을 통해 개인과 가정 생활에 어느 정도 안정을 얻기를 기대한다. 다른 대규모 사회단체 (예컨대 노동조합, 정당, 체육연맹 등) 구성원들과 비슷하게, 여기에 속한 사람들도 외형적으로 수동적 혹은 소극적 교회 구성원들로 간주된다. 이들은 교회의 존재와 교회가 옹호하는 가치들을 원칙적으로는 긍정하고 지지한다. 이들은 적극적 구성원들, 특히 대표자들에게 큰 기대를 하고 있으니, 곧 **그들이** 교회라는 제도의 의미를 설득력

---

[29] K. Gabriel, Christentum zwischen Tradition und Postmoderne, 177-92쪽 참조.
[30] K. 가브리엘은 이것을 "근본주의적 부분"이라고 부른다.

있게 제시해 주리라는 것이다(그리고 이 기대가 어긋나는 경우에는 매우 비판적으로 반응한다). 그러나 이들은 교회가 제안하는 일에 참여하거나 교회의 가르침과 규범들의 수용 정도를 결정하는 권리는 자신들에게 유보한다. 현재 독일 가톨릭 교회에서 이러한 유형의 구성원 비율은 모든 세례받은 신자의 약 75~80%(개신교에선 약 95%)에 이르러, (핵물리학에서 말하는) "임계량"臨界量에 도달했다고 보인다. 이 임계량은 연쇄반응을 일으키게 되어 있으니, 우리의 경우에는 공동체 지향적 부분(특히 청장년층)에 일종의 흡수 작용을 일으킨다.

바로 둘째와 셋째 부분의 관계야말로 교회와 "후현대적" 문화종교성 사이의 대결에 있어 극도의 신경통을 야기하는 문제인데, 아무튼 미래 교회의 사회적 형태를 위해서는 상당한 중요성을 지닌다. 이 문제에 관해서는 제3부(2장 3절)에서 더 상세히 다루기로 한다.

④ **외형적 조직** 부분: 노동계약을 통해 교회에 매이고 직업상 종속되어 있는 모든 사람을 포함한다. 이 부분은 가톨릭적 동아리(환경)들의 해체 와중에 질적으로나 양적으로 상당한 중요성을 획득했다. 왜냐하면 이 부분은 한편으로 공동체 지향적 부분의 중추를 이루고 있는 경우가 많고, 또 한편으로는 자연히 고도로 조직화된 거대한 봉사기관인 교회(사회는 이런 교회를 자신의 종교적·윤리적 또는 세계관적 욕구를 충족시키기 위해 잡아두고 있다)의 공식적인 모습을 강화하기 때문이다.

⑤ **"운동들"** 부분: 무엇보다도 가톨릭 교회 내의 새로운 영적·사회적 운동들로 이루어져 있다. 크게 싸잡아서 말한다면, 여기서는 두 가지 경향이 구별된다. 하나는 종교적 삶의 성취에 더 헌신하는 영적·카리스마적 경향이고, 또 하나는 사회적 폐해에 맞서는 예언자적 저항과 대안적 생활양식에 터한 바닥공동체적·정치적 경향이다. 물론 이 부분에 속한 신자들은 아주 소수지만, 그럼에도 불

구하고 무엇인가를 찾아헤매는 많은 동시대인들에게 깊은 인상을 주며, 또 어떤 새로운 확실성을 전해주고 있다. K. 가브리엘은 이 부분을 현대 교회의 "종교생산적" 요소로 간주하는데, 그 까닭은 이 부분이 현대의 전형적 도전과 요구들을 가장 제대로 파악·대처하기 때문이다. 이 운동들은 한편으로는 오늘날 크게 요청되는 개인적이고 전기傳記적인 종교성에 공간을 제공해 준다. 개인적 신앙, 그의 체험과 역사, 그의 회의와 확신이 공동의 신앙생활 안으로 짜임새있게 편입되어 들어온다. 다른 한편으로 이 운동들 가운데 상당 부분은 교회에 대한 전체 사회의 폭넓은 기대에 부응하고 있으니, 곧 사회불의에 대해 비판·저항하고, "평화·정의·창조계의 보존", 피난민·에이즈 환자 등을 적극적으로 편들고 있다. 이 운동들이 교회와 신앙 공동체들 안에서 무의미한 대립이나 혹은 거꾸로 얌전한 순치馴致로 끝나지 않고 얼마나 활기차게 지속되느냐에 따라 우리 교회의 앞날의 모습이 상당히 달라질 것이다(이 문제에 관해서는 제3부 말미에서 좀더 고찰하기로 한다).

4. 교회 밖의 "종교적 광경"

ㄱ. 현 상

종교의 "친근화"와 관련하여 이미 하나의 현상이 화제가 되었던 바, 우리는 그것에 더 깊은 관심을 기울여야 한다. 즉, 수십 년 전부터 교회 테두리 밖에서, 그리고 흔히는 전통적 그리스도교와의 결별을 강조하는 가운데, 많은 종교적 경향들이 널리 퍼져나가고 있는데, 우리 문화권의 갈수록 많은 사람들이 이 경향들을 그리스도교 신앙의 진정한 대안으로 간주하고 있다. 여기서 내가 말하는 것은 오늘날 세계 곳곳에 널리 퍼져 있는 잘 조직되고 재정 능력 있는 많은 이단 종파들(예컨대 통일교, 여호와의 증인, 사이언톨로지Scientology 등)이 아니다. 그런 이단 종파들보다 우리에게 훨씬 심각한 도전을 제기하고 있는 것은 교회나 종파 등의 잘 알려진 제도적 틀 안에서 조직되지 않고, 오히려 서로 "얽혀 있는" 작은 집단들과 자발적 활동들 안에서 형성되는 저 종교적 "운동들"인데, 이것들은 흔히 현대 특유의 이원론(예를 들어 인간과 자연, 종교와 과학, 남자와 여자, 감성과 오성, 미학과 윤리학 사이의 거의 화해할 수 없게 되어버린 대립)에 대한 비판적 반대로부터 생겨난다. 많은 동시대인들이 보기에 현대의 그리스도교가 그러한 이원론적 분극화分極化를 대거 수용한 반면, 이 새로운 종교적 운동들은 고대 후기의 그노시스靈智, 신지학神智學, 인지학, 비교秘敎, 점성술, 인도·게르만·동양 종교 들에 대한 융합주의적인 깊은 관심 안에서, 오늘날의 생존의 위기로부터 인류를 구원해 줄 어떤 새로운 의식 — 곧 모든 실재의 근본적인 **일치**Einheit와 **완전성**Ganzheit에 대한 의식 — 에 대한 사람들의 갈

망을 분명히 표현하고 있다.[31]

영지주의적 · 비교적 · 자연신비주의적으로 꼴지어진 이 "영적" 운동들은 한동안 "뉴 에이지"New Age라는 집합 개념 아래 뭉뚱그려 다루어졌다(사실 이 개념의 전성기는 이미 오래 전에 지나갔다). "뉴 에이지"로 널리 알려진 복합체 내부의 거의 꿰뚫어보기 힘든 뉘앙스와 경향의 다양성을 소홀히함이 없이, 이 운동의 권위있는 선구자들(Fr. Capra, M. Ferguson, K. Wilber, G. Trevelyan, D. Spangler, Th. Roszak 등)의 자기 이해에 따라, 다음과 같이 말할 수 있을 것이다. "뉴 에이지"는 스스로를 하나의 반反사회적 운동으로 이해했고 또 이해하고 있으며, 그 세계관은 지금 불가항력적으로 대두하고 있는 새로운 시대(뉴 에이지)에 대한 확신으로 가득 차 있다. 구원을 가져오는 이 시대는 오늘날의 전세계적 생존의 위기와 개인적인 의미 위기를 종식시킨다. 이것은 모든 존재의 우주적 일치와 완전성에 대한 새로운 의식을 통해 이루어진다. 뉴 에이지 신봉자들의 (진지한) 이론적 · 실제적 노력은 개인과 사회의 낡은 의식을 새로운 의식으로 변화시키는 것을 목표로 하고 있다.

이 운동이 좁은 의미에서는 전성기가 지나갔지만, 그 안에 통합된 특정한 근본 경향들은 서구 공업국가의 많은 사람들(물론 그리스도인들을 포함하여)에게 커다란 매력을 발산하고 있다. 이 "후현대적 종교성"은 그럭저럭 서구 문화권 대다수 인간들의 의식, 생활 감정"feeling", 태도를 규정하는 보편적 "시대 정신"의 견고한 구성요

---

[31] 특히 J. Sudbrack, Neue Religiosität – Herausforderung für die Christen, Mainz ³1988; 같은 저자, Die vergessene Mystik und die Herausforderung des Christentums durch New Age, Würzburg 1988; M. Kehl, New Age oder Neuer Bund? Mainz ³1989; G. Schiwy, Der Geist des Neuen Zeitalters, München 1987; Ch. Schorsch, Die New-Age-Bewegung, Gütersloh ²1988; H. Baer, Neue Wege zur Transzendenz? Hamm 1987; H. D. Mutschler, Physik – Religion – New Age, Würzburg 1990; H. J. Höhn, Gegen-Mythen (QD 154), Freiburg 1994 참조.

소가 된 것처럼 보인다. 이 종교성 안에 널리 알려진 네 가지 경향이 합류하여 서로 강화하기도 하고 또 혼합되기도 한다.

① **생태학적 의식**: 우주 모든 생명의 "우주적 얽혀 있음"에 근거한, 세계 안에서의 삶에 대한 매우 민감한 책임을 강조한다. 모든 존재는 하나의 거대한 유기체이다. 우리 자신도 "어머니 지구"의 한 부분이며, 또 지구 자체는 우주 전체에 유기적으로 편입되어 있다.

② **자연과학적 계통이론**Systemtheorie: 이것은 모든 자연적·심리적·사회적 과정들을 포괄하는 설명 모델로 발전한다. 현상에 대한 전통적인 설명이 명백하고 일직선적인 인과因果 연쇄(원인 a → 결과 b 등)에 근거를 두고 있는 데 반해, 계통이론은 전체 안의 상이·잡다한 요소들 사이의 교호적 관계에 대해 말한다. 그렇게 해야만 (자연과학적·사회학적 영역에서) 진화, 자기 조직화 그리고 자기 초월을 알아듣기 쉽게 설명할 수 있다는 것이다.

③ 이른바 "**초인간적**transpersonal **심리학**"(A. Maslow, Ch. Tart, St. Grof가 주창): 이것은 인간의 "초월적 욕구들"을 밝혀내고 충족시키는 것을 도와 주고자 한다. 여기서 말하는 것은 인간을 인간 너머로 몰아내는 것, 인간이 자기 중심을 더 이상 자기 자신 안에서 찾지("자아실현") 않고, 자신보다 큰 것 안에서 — 그러니까 구체적으로 우주, 자연과 자연의 비밀들, 초심리학Parapsychologie적으로 탐구되는 "저 세상" 안에서 — 찾도록 그를 "초월시키는" 모든 것을 의미한다.

④ **여성해방 운동**: 이것은 가부장적 의식과 그에 상응하는 사회구조의 종식을 선언한다. 이 운동의 근저에는 남성적인 것과 여성적인 것의 화해를 촉진시키고 남성과 여성의 대등한 동반자 관계를 지향하는 "남녀 양성적"androgyn 인간상과 사회상이 깔려 있다. 이 운동은 도교道教 성현들의 가르침에서 힘을 얻고 있는데, 그것에 따르면 모든 존재는 실재의 두 가지 근본 극極 — 양과 음 — 사이의 끊

임없는 운동 안에서 움직이며, 둘의 조화로운 중재 안에서만 본연의 자기를 찾는다.

내 생각에는 오늘날 우리 문화 안에 받아들여진 새로운 종교성은 이러한 (그리고 이와 유사한) 의식의 경향들로부터 널리 자양분을 섭취하고 있는 것 같다. 그런데 이 종교성에 대한 그리스도교 신앙 쪽에서의 창조적·비판적 도전은 아직 시작 단계에 머물러 있다.

이 종교성의 한 가지 중요한 외관은 "**삶에의 도움**"이라는 기능이다. 많은 사람들은 (그리스도교 전통에서와 똑 마찬가지로) 그때그때 세계관적 이론 전체를 정확히 알거나 또는 더 나아가 수용함이 없이, 숱하게 많은 소위 "영적" 상품들 중에서 삶의 세계의 지나친 복잡성을 극복하는 데 쓸모있게 보이는 것들, 예를 들어 동양의 특정한 명상 방식, 치료요법적인 자아-육체 체험 방법, 인도나 샤머니즘의 자연신비주의, 점성술, 타로Tarot 카드, 심령술이나 신비학적 실천 등을 선택한다. 그것들 가운데 몇 가지는 과연 유용하다. 어떤 것들은 일종의 무해無害한 시간 보내기 혹은 일상적인 소비 사고思考를 "영적" 차원으로 옮겨놓은 것이라고 할 수 있다. 왜냐하면 단체 견학 여행 시대에도 **하나**의 나라 — 저 세상 내지 자기 영혼의 심저 — 만이 참으로 호기심을 불러일으킬 수 있기 때문이다. 또 어떤 것들은, 만일 신비학적·심령술적 혹은 더 나아가 악마숭배적 실행이 수요 목적이 될 때에는, 물론 매우 위험스러운 것이 될 수도 있다. 여기서는 병적 중독 증세와 유사한 예속성이 생겨날 수 있는데, 이것은 결국 인간을 부자유와 폭력에로 이끌어간다.[32]

---

[32] W. Janzen, Okkultismus, Mainz-Stuttgart ²1989; B. Wenisch, Satanismus, Mainz-Stuttgart ²1989; U. Rausch – E. Türk, Geister-Glaube. Arbeitshilfe zu Fragen des Okkultismus, Düsseldorf 1991 참조.

ㄴ. 이러한 종교성이 교회에 제기하는 도전

① 교회생활의 결함에 대한 예민화

왜 많은 사람들, 특히 그리스도교 신자로서 성장했고 때로는 교회생활에 열심이기도 했던 청장년 세대가 지금은 교회의 선포보다는 이 새로운 종교적 운동들에 마음을 빼앗기는가?[33] 그들은 — 규범과 전통에 길들여진 나이 든 교회 구성원들보다 예민하게 — 교회의 신앙 실천의 특정한 **결함들**을 매우 강하게 느낀다. 그들은 예를 들어 "통례적"인 교회의 **선포**를 흔히 너무나 피상적이고 지나치게 야단스러우며 영혼의 심층에는 거의 뿌리를 내리지 못하는 것으로서 체험하고 있다. 자아 체험과 자아 발견, 명상과 신비주의에 대한 그들의 갈망은 통상적인 신앙 공동체 생활 안에서는 거의 충족되지 못한다. 신앙 공동체의 주요 직무들의 거의 모든 역량은 무조건 중요하다는 공동체 건설과 교리교육에 투입되며, 그 결과 인간적인 사목을 위한 시간과 역량은 거의 남아 있지 않은 경우가 많다. 진지하게 개개인의 불안과 갈망에 접근할 수 있는 참된 사목적 대화가 이루어지지 못하고 있다. 우리의 예배들 역시 많은 사람들에게 너무나 의식화儀式化·형식화된 것으로 비쳐지고 있다. 게다가 예배들은 거의 언제나 시간 제약 아래 거행되며, 그래서 고요하고 명상적인 또는 축제다운 분위기가 형성되는 경우가 드물다.

자연, 곧 인간 외부의 **창조계** 전체에 대한 인간의 뒤틀린 관계 또한 교회 안에서는 너무나 드물게 논의되고 있다. 우리는 환경 문제와 "창조계"라는 주제를 너무나 빨리 "녹색당"이나 그들과 생각을

---

[33] M. Kehl, Die Kirche zwischen neuen gnostischen und geistlichen Bewegungen, in: K. Hillenbrand – M. Kehl (Hg.), Du führst mich hinaus ins Weite (FS Georg Mühlenbrock), Verlag Echter Würzburg 1990, 28-40쪽 참조.

같이하는 몇몇 그리스도교 단체들(이들 역시 애석하게도 "정규적"인 교회생활의 변두리에 서성이고 있다)에 떠넘겨 버린다.

그러나 무엇보다도 그리스도교의 **하느님상**(像)이 많은 사람들에게 너무나 생기없고 추상적이고 이성적이며, 삶·체험·신비와는 동떨어진 것으로 비쳐지고 있다. 나는 어린이 미사와 청년 미사를 집전하면서 갈수록 자주 이렇게 자문한다. 우리는 지금 여기서 종교 수업이나 단체 학습시간을 예배 안으로 연장하고 있는 것은 아닌가? 우리는 예배를 통해 어린이들을 (물론 그들만이 아니라 청소년과 어른들도) 참으로 전체 현실의 헤아려 알 수 없는 신비인 사랑하시는 하느님께 이끌어가는가? 그리하여 그들이 그분께 개인적으로 기도할 수 있고, 그분과 친밀해지며, 그분 안에서 생명의 박동과 구원의 능력을 감지할 수 있게 되는가? 우리는 예배와 선포 안에서 "하느님"이란 말을 너무나 범속하고 직업적으로 사용하며, 그 결과 그 말의 깊고 풍부한 의미 내용을 거의 실감하지 못하게 되지 않았는가? 하느님, 곧 모든 것 안에 계시고 모든 실재의 근저에서 자신을 온통 내주시는 이 사랑이 다시금 우리 자신, 그리고 다른 사람들에게 감지될 수 있게 만드는 일이 우리 그리스도인의 사명이다. 세계의 가장 궁극적이고 그윽하고 구원하는 신비는 자연 안에나 우리 자신 안이 아니라 **그분** 안에 있다는 것을 절실히 느껴야 한다. 그러기 위해서는 우리 자신이 더욱 깊이 이 근원 안에 뿌리를 내려야 한다 ― 고요한 침잠, 묵상, 기도, 영혼의 호흡 등을 통해.

② 현대 문화의 막다른 골목으로부터의 출구 모색

나아가 젊은 그리스도인들은 서구 문화의 일방적이고 무절제한 발전에 대해 매우 예민한 육감을 지니고 있는 경우가 많다. 그래서 그들은 우리 사회의 막다른 골목들에서 벗어나 미래를 약속해 주는 (그리스도교 밖의 세계관들이 제공하는) **출구들**에 그만큼 쉽게 마음을 빼앗긴다. 예를 들어 기능과 효율을 목표로 하는 순전히 합목적적인 이성관理性觀을 극복하고, 이성과 소위 "이성 자체 안의 타자"와의 화해, 다시 말해 직관・상상・유토피아・신화・정서 등과의 화해를 이룩하려 노력할 때, 그러한 탈출구들에 이끌리게 된다. 이 해결책들이 혼란스러운 일방성을 상당히 내포하고 있기는 하지만, 어쨌든 오늘날 보편적으로 감지되고 있는 현대적 이성의 위기를 자기들 나름의 방식으로 포착・대처하고 있다. 또한 현대에 있어서의 인간과 자연의 분리, "정신적인 일"과 "외면적인 일" (Descartes)의 분리를 지양止揚하고 하나의 거대하고 동포적인 창조물 공동체라는 통일체를 이루고자 하는 일이 관건일 경우에도 그러한 탈출구들에 관심을 가지게 된다. 여기에서 제시하는 해결책은 육신과 영혼을 지닌 인간이 생명의 우주적 전체성 안에 올바로 자리잡는 데 있는 바, 이것은 동시에 이 세상 모든 생명에 대한 새로운 외경을 불러일으킨다. 또한 순전히 소비지향적이고 물질주의적인 생활양식을 거부하고 일종의 "영적"이고 총체적인 세계관과 삶의 방식을 수용하고자 할 때에도 그러한 탈출구들에 매혹된다. 그런 삶의 방식 안에서는 다양한 방법의 명상과 자아체험을 거쳐 육신과 영혼, 인간과 우주, 하느님과 세계의 일치가 깊이 체험될 터이다. 그에 반해 우리 교회는 많은 동시대인들이 보기에 지나치게 자기 자신에게 몰두하고 언제나 똑같은 구태의연한 걸음으로 계속 걸어가려 하며, 그래서 "시대의 징표"를 포착하지 못하고 있다. 오늘날의 시대의 징표는 인간이 자기 자신, 타인, 자연 그리고 또한 하느님과 새로운 방식으로 관계맺을 것을 지시하고 있다.

③ **구원에의 갈망의 인식**

그리스도인들조차 갈수록 교회 밖에서 심원한 종교적・영적 체험을 모색하고 있는 판이니, 우리는 솔직하고 성실한 **양심성찰**을 하지 않을 수 없다. 앞에서 언급한 교회생활의 결함은 사실 부인할 수가 없다. 또한 이러한 종교성과 그것의 정신적 배경 뒤에 자리잡고 있는 자연과학·심리학·생태학·여권女權주의 안에 담겨 있는 근본 관심사들 역시 우리 그리스도인들은 더 개방된 마음으로 주목해야 한다. 물론 우리는 십자가에 달리고 부활하신 예수 그리스도의 교회로서, 오늘날 사람들이 "종교적 욕구들"(이 이름 아래 흔히 심령술이나 성실치 못한 초심리학 그리고 온갖 신비적 현상에 대한 탐닉이 뒤섞이고 있다)이라고 부르는 모든 것을 지체없이 충족시켜 줄 의무가 있는 것은 아니다. 그러나 **구원**, 일치와 온전함("샬롬"), 아니 하느님께 대한 참된 갈망의 흔히는 감추어진 동기를 찾아내고, 우리의 메시지로써 그것에 대답하기 위해서는 매우 성실한 경청과 주의깊은 "영들의 식별"이 요구된다.

  이 일에는 그리스도교 밖의 이러한 "영적" 운동들이 선전하는 특정한 세계관적 근본 선택들에 대한 그리스도교측의 **반대**도 물론 포함된다. 왜냐하면 거기에서는 흔히 고대의 **그노시스**靈智가 시대에 걸맞는 새로운 겉옷을 입고 되살아나 있기 때문이다. 교호적인 영향과 경계 설정 속에서 그리스도교와 병행하여 생겨났던 고대 후기의 저 (자력)구원 종교가 특히 경건하고 "내향적인" 그리스도인들에게 또다시 참으로 심각한 유혹으로 등장하고 있다. 이러한 영지주의적인 종교는 극히 부정적인 것으로 단죄된, 그야말로 "사악한" 세계와 역사를 철저히 배척하는 가운데, 구원은 무엇보다도 인간이 고유한 자아의 심저에서 "신적인 것"(이것이 신, 인간 그리고 우주를 그야말로 "자연"적으로 서로 일치·화해시킨다)을 발견하기 위한 내면으로의 침잠이라는 종교적 체험 안에 있다고 믿는다. 이러한 본성적 일치와 그것에 의해 꼴지어진 총체적 생활양식은 그때와 마찬가지로 오늘날에도 개인적·사회적인 수많은 비구원의 체험으로부터 인간을 구원하는 왕도王道로 간주되고 있다.

④ 그리스도교적인 것의 식별

이러한 메시지가 오늘날 많은 사람들에게 아무리 경건하고 설득력있게 들린다 할지라도, 우리는 의식적이고 단호하게 "그리스도교적인 것의 식별"(R. Guardini)을 해야 한다. 발타사르H. U. v. Balthasar의 책 제목이 영지주의적으로 채색된 온갖 현대적 종교성에 맞선 이러한 식별의 실로 소박하고 적절한 기준을 내게 제공해 주었으니, 『믿을 만한 것은 오직 사랑뿐』*Glaubhaft ist nur Liebe*(1963)이라는 것이다. 우리의 현재 맥락과 관련하여, 나는 그리스도교적인 것을 식별하는 이 짧은 공식을 다음과 같이 해설하고자 한다:

자신의 가장 깊은 "실체"가 **인격적 사랑**인 것만이 **구원**과 **온전함**에 대한 믿을 만한 약속으로서 입증될 수 있다. 이 말이 의미하는 것: 사랑은 근본적으로 어떤 확산된 동정의 감정이나 전체 실재에 두루 차고 넘치며 모든 것에 활력을 부여하는 어떤 우주적 생명의 분류奔流 같은 것이 아니다. 그렇다. 엄밀한 의미에서 사랑의 본질은 어떠한 강요도 없이 온전히 자발적으로 자기 자신을 내어주는 인격적인 향함Zuwendung에 있다. 오직 사랑만이 의미를 산출할 수 있거니와, 그 의미는 자기 자신 안에 터하며, 영지주의에서처럼 끊임없이 자신을 멀리 벗어나 현실의 언제나 새로운 비밀과 수수께끼를 향하라고 지시하지 않는다. 우리가 세상의 모든 사상事象 배후에서 어떤 사랑하는 너(모든 것에게 자신의 깊고 헤아릴 수 없고 다함 없는 신비한 특성을 부여하는)를 인지할 수 있을 때에만, 비로소 자연과 우주도 우리에게 효능 있는 것이 된다. 오직 그러한 사랑만이 실재에 대한 포괄적인 자기 개방, 자기 위탁 그리고 자기 관여라는 의미에서의 "믿음"의 대상이 될 자격이 있다.

구체적으로, 삶과 늙음과 죽음 속에서 내가 무조건 의지할 수 있는 것은 무엇인가? 무엇에 터하여 살아가야 내 전 생애가 구원되고 온전해질 수 있는가? 그것은 나의 심오한 깨달음도 내 영혼의 자기체험과 세계관적 체계도 또 자연과 우주도, 살아 있는 존재의 자기 조 직화의 진화적 에너지도 아니다. 그 모든 것은 "사라진다"(1고린 13,8). 틀림없이 그리고 영원히 견디어 내는 것은 오직 사랑의 약속뿐이다. 그 사랑은 내가 성공과 행복 속에서 감사하고 겸허하게 되도록 (그럼 으로써 참으로 인간답게 되도록) 만들어 준다. 내가 사랑의 관계와 윤리적 행동에 책임을 지게 하고 그로써 나를 자유롭게 해준다. 병들 거나 심신에 장애가 생겼을 때, 외롭거나 죽음에 내맡겨져 있을 때, 나를 쓸모없는 존재로 포기하지 않는다. 온갖 허물과 비참함 속에 있 는 나를 자비로운 용서로써 받아들인다. 철저히 조각난 불완전한 나 자신을 있는 그대로 받아들이고, **그럼으로써** 나를 치유하고 온전히 만들어 준다. **이러한** 치유와 온전함만이 비로소 나로 하여금 내가 받은 사랑을 똑같이 남에게 선사할 수 있게 하며, 그리하여 나의 사 랑의 행동 또한 타인들에게 "믿을 만한" 것이 된다.

그리스도인들은 두루 치유하고 구원하는 이 사랑을 예수 그리스도 안에서 만난다. 그분에게서 (그때나 지금이나!) 흘러나오는 이 사랑 을 그분 자신은 "아빠"라고 부르는 무한한 사랑의 인격적 근원에 힘 입고 있다. 예수 그리스도와 함께 나날이 새롭게 이 "아빠"에게 자 신을 내맡기고, 그분이 자신을 인간에 대한 사랑으로 해방시키셨음 을 깨닫는 사람은, 수많은 표지와 징조 안에서 이 무한한 사랑의 구 원하는 현존을 체험한다. 그런 체험은 불안과 초조 속에서 생명과 의미와 구원을 찾아헤매는 인간의 갈망을 충족시켜 준다. 또한 그는 그런 체험을 통해 아우구스티누스의 저 말이 과연 옳음을 깨닫게 된 다. "우리의 마음은 당신 안에 머물기까지 불안하옵니다."

⑤ 관상과 추종의 실천

그러나 어떻게 해야 내 존재의 모든 세포로 이 사랑을 "맛보고" 그럼으로써 그 사랑을 다른 사람들에게 옮길 수 있는 그러한 깊은 체험에 이를 수 있을까? 그것을 위해서는, 서로를 보완하고 또 서로에게로 이끌어가는 두 가지 방법이 아마 가장 바람직할 것이다:

한 가지 방법은 예수 그리스도의 모습 안의 **관상**觀想**적인 머무름**인 바, 말하자면 그 모습을 모든 측면에서 관조하고 그의 말과 태도를 — 마리아처럼 — "마음 속에 새기어 곰곰이 생각하며"(루가 2,19), 예수의 모습에 "반해서" 그 모습이 내 영혼의 가장 그윽한 곳에 자리할 수 있도록 하는 것이다. 약 100년 전에 사망한 프랑스 예수회원 P. 롱하예가 죽기 얼마 전 젊은 동료 수사에게 영적 유언으로 남긴 아름다운 말을 들어보자. "예수 그리스도를 만나뵈올 수 있는 모든 가능성을 연구하고 샅샅이 찾고 탐구하고 계발하시오. 그분을 외워버릴 수 있을 때까지, 아니 좀더 낫게 표현하여, 그분에게 동화될 때까지, 그분 안에 흡수될 때까지 꼼짝않고 그분을 바라보시오." 오늘날 그리스도교 영역 안에 제공되어 있는 다양한 관상 방식들이 그리스도에 대한 이러한 사랑의 관상(로욜라의 이냐시오는 이것을 "내면적 인식"이라고 지칭했다)에로 이끌어주는 한, 그것들을 그저 환영할 일이다. 왜냐하면 이 방식들은 개인 고유의 심저체험의 열락 안에 푹 빠져 있고자 하는 유혹에 저항하기 때문이다.[34]

그 저항을 위해서는 그리스도를 만나는 다른 하나의 방법도 실로 든든한 보장을 해주는 바, 곧 죄인·보잘것없는 사람·병자·가난한 자들 가운데 당신의 "머무시는 곳"을 찾는(요한 1,38; 마태 18,5; 25,31 이하) 그분의 길을 바로 그곳에서 **추종**하는 일이다. "가난하고 하찮은 사람들을 위한 하느님의 선택"은 그분이 예수 그리스도 안에서 당신을 그들과 단호히 동일시하는 데까지 나아간다. 이 사람들을 좋게 대하는 사람은 그 안에서 예수 그리스도를 좋게 대하는 것이다. 그는 그들 안에서 — 성체성사에 못지않게 — 부서지고 상처입

---

[34] J. Sudbrack, Sich in Gottes Ordnung bergen, Würzburg 1986; 같은 저자, Meditative Erfahrung – Quellgrund der Religionen? Mainz-Stuttgart 1994 참조.

은 "그리스도의 몸"을 접촉한다. 왜냐하면 그는 잃은 자들을 찾아나서시는 저 하느님의 구원의 길을 따라 걷는 것이기 때문이다. 그리고 그는 그들 안에서 가없는 사랑 때문에 스스로 "잃어버린 아들"이 되신, 그럼으로써 우리의 잃어진 존재를 안으로부터 사랑과 구원으로 가득 채우신 그분을 발견한다. 하느님을 만나뵙는 그리스도교 고유의 이 방법이 옛 소련의 한 강제수용소에서 전해져 오는 글귀 안에 실로 정곡을 찔러 표현되어 있다. "하느님을 찾았으나 뵈올 길 없고, 내 영혼을 찾았으나 만날 길 없어, 형제를 찾았더니 셋 다 얻었네."

제 2 부

교회 내적 갈등들 —
교회와 현대의
불명료한 관계의 표지

제1장

교회 안에서의 의사불통

지난 몇 년 동안 수많은 독일어권 교구에서는 주교좌의 주도하에 잘 준비·조직된 대화 프로그램들(소위 "사목적 대화", "교구 포럼" 등등)이 유행했었는데, 거기에서 매우 다양한 본당·단체·연합회·공동체 그리고 개별 신자들이 상당히 오랫동안 신앙과 교회의 현재 상황에 관한 시급한 문제들과 씨름을 했고 또 지금도 여전히, 가령 뷔르츠부르크 교구의 표어에 따른다면, "대화 안에서 길 찾기"를 하고 있다. 다행스럽게도 많은 신자들이 매우 적극적으로 그런 대화에 참여했고, 그 결실들 중 상당 부분은 더디고 규모 작게나마 이미 실천에 옮겨지고 있다. 그런 까닭에 독일에서는 대체로 더 이상 대립이나 분극화가 아니라 대화가 강조되는 분위기가 지배하고 있다고 말할 수 있다.

1. 하나의 신호:
이른바 "교회 백성의 열망"

작년(1995) 가을 독일에서도 — 교회 내적으로나 사회 전체적으로 분극화 현상이 때때로 매우 강하게 나타나곤 했던 오스트리아의 경우를 본떠 — "교회 백성의 열망"이라는 것이 생겨났다.[35] 그리스도교계로서는 뭐랄까 상당히 관례를 벗어난 방식으로 두 달에 걸쳐 본당, 사목 센터, 거리와 공공장소에서 서명 운동이 벌어졌고, 그것을 통해 사람들은 다음 다섯 가지 목표와 요구를 공공연히 내세웠던 것이다. 형제자매의 정情이 있는 교회 건설, 여성의 완전한 동등권, 독신생활과 결혼생활 사이의 자유로운 선택, 성性에 대한 적극적 평가, 위협의 소식 대신 기쁜 소식.[36] 선전 문구 비슷하게 표현된 이 요구들과 교회 내적 문제에 초점을 맞춘 그 의도에 대해 사람들이 개별적으로 어떠한 입장을 취하든간에, "교회 백성의 열망"이라는 **사건**과 그것이 세상 여론 그리고 교회적 · 개인적 영역에서 불러일으킨 수많은 토론만으로도 교회 안의 의사소통 상황이 일반적으로 어떻게 평가되고 있는가에 대해 시사하는 바가 아주 많다고 나는 생각한다. 왜냐하면 매우 많은 그리스도인들이 다음과 같은 인상을 지니고 있다는 것을 부인할 수 없기 때문이다. 즉, 몇 년 전부터 지속적으로 몇 가지 문제들에 관해 함께 이야기하고 있지만, 만일 교회의 지배양식 · 사목 그리고 특정한 교회 구조들

---

[35] "Wir sind Kirche". Das Kirchenvolks-Begehren in der Diskussion, Freiburg 1995; P. M. Zulehner (Hg.), Kirchenvolks-Begehren und Weizer Pfingstvision. Kirche auf Reformkurs, Düsseldorf-Innsbruck 1995 참조.

[36] 독일 전체에서 약 150만 명의 가톨릭 신자들이 서명을 했다.

과 같은 매우 구체적이고 절박한 문제들이 관건이 되기만 하면, 어찌해도 꿈쩍하지 않는 장벽에 부닥치게 된다는 인상 말이다. 그래서 오늘날의 신앙 상황에 더 적절하고 유연성있는, 그러면서도 위대한 신앙 전통의 정신을 보존하고 있는 해결책의 모색은 더욱 어려워지고 있다.

게다가 아직 결론이 나지 않은 대화를 설득력있는 논증 없이 서둘러 중단시켜 버리는 교도권의 결정은 지역교회들의 갖가지 대화 프로그램이 무슨 의미가 있는지 회의를 가지게 만든다. 이 프로그램들은 그것이 야기한 온갖 긍정적인 점들에도 불구하고, 많은 그리스도인들이 지니고 있는, 교회 안에서는 온전한 **의사소통이 방해**받고 있다는 전체적인 인상을 지워버리지 못하고 있다. 예를 들어 주교 임명의 여러 방식을 주제로 다루면서 지역교회의 요청은 무시·간과할 때; 최고의 ("무류적"인) 교도권적 권위가 여성 사제 서품 허용 불가[37]를 "확정적"인 것으로 받아들여야 한다고 결정했을 때; 남서 독일 세 주교의 사목 담화와는 달리, 교황청 신앙교리성이 1994년 10월 15일 재혼한 이혼자들의 성체배령에 대한 교회의 예외없는 금지 조치를 강화했을 때; 요한 바오로 2세의 거창한 도덕 회칙 *Veritatis splendor*(1993.10.5)가 자연법에 근거하고 교회 교도권에 의해 선포된 객관적 윤리 규범을 순종·준수할 것을 노골적으로 강조할 때(윤리적 판단의 최종 심급으로서의 개인 양심은 뒤로 물리났다); 신앙교리성의 1990년 5월 24일지 훈령 「신학자들의 교회적 사명에 관하여」가 경우에 따라서는 실질적인 진리 인식까지도 대체할 수 있다는 권위에의 순종에 터하여 교도권을 다시금 강화할 때; 결혼·직업 그리고 신앙 공동체 안에서 신실함이 입증된 기혼 남성의 사제서품이나 여성 부제직 문제가 언제까지나 질질 끄거나

---

[37] "Ordinatio sacerdotalis" (1994.5.30)와 신앙교리성의 1995년 11월 24일자 보완 해설 문서 참조.

혹은 말도 안되는 것으로 이미 결판났다고 주장할 때; 그러할 때 제 아무리 의리있고 충성스런 그리스도인일지라도 이렇게 물어야 한다. 도대체 우리 교회 안에서 무슨 일이 일어나고 있는가라고.

2. 현대 문화와의 분열된 관계

앞에서 언급한 실례들에서는 교회생활을 곳곳에서 힘겹게 만드는 의사소통 장애가 분명히 드러난다고 나는 생각한다. 이러한 의사불통의 원인은 상이한 신학적 신념들이나 교회상들이 서로 갈등을 일으키고 있다는 사실(다음 장 참조)에만 있는 것이 아니다. 그 근원은 필경 더 깊은 데까지 이른다. 왜냐하면 특정한 신경통성 사안들에서는 위대한 공의회 사목헌장 「현대 세계 속의 교회」의 가르침에도 불구하고, 끊임없이 논란되고 있는 가톨릭 교회와 현대 문화간의 여전히 불명료한 관계 문제가 매우 첨예하게 드러나기 때문이다.

내가 보기에 이 문제와 관련된 오늘날 세계교회 지도층의 "공식적인 진로"는 이율배반에 빠져 있는 듯하다. 한편으로 로마는 인권의 보호와 신장, 보편적 생명의 문화, 특히 약자들을 위한 더 정의롭고 인간다운 사회질서, 종교들간의 대화, 현대 학문들과의 대화 등에 지칠 줄 모르고 적극적으로 투신하고 있으며, 이는 실로 치하할 만한 일이다. 그러나 다른 한편으로 교회 내적인 교리나 구조 문제의 영역에서는 "현대 정신"에 대해 일종의 냉혹하고 우악스러운 "대조 프로그램"으로 대응하고 있다. 또한 주체성을 한층 더 강조하는 "현대화 추진"에 맞서서는, 제도와 전통의 객관적 보편타당성을 내세우고 있다. 이러한 두 개의 극極 사이의 **상호소통적 중재**, 그러니까 변화된 문화적 조건들 아래에서 공동신앙의 정체성을 보전하고자 애쓰는 중재는 오히려 의심스러운 것으로 평가·저지된다. 그 전형적인 사례가 재혼한 이혼자들의 성체배령 문제이다.

현대 문화와의 이러한 불명료한 관계는 신앙이 이 문화에 성공적으로 적응하는 것Inkulturation만 어렵게 만드는 것이 아니라, 결국 신앙과 교회의 제도적 형태 자체에도 반反생산적으로 작용한다. 왜냐하면 이러한 제도적 형태가 더 이상 개개인의 신앙을 떠받치고 통합하고 바로 잡아주는 삶의 공간으로 체험되지 못함에 따라, 주관적 믿음과 객관적 교회주의 사이의 균열이 거의 메울 수 없을 만큼 깊어지기 때문이다. 전자는 점점 더 신앙의 전적인 개인주의화라는 문화적 추세에 빠져들고, 후자는 그에 맞서 갈수록 추상적이고 형식화되어 가는 전통에 대한 관리·감독에 집착하게 된다. 뮌헨의 철학자 게르트 헤프너는 이러한 불행한 메커니즘을 매우 정확하게 기술하고 있다:

> 권위 보유자들 자신에 의한 외적 권위의 확인·강조로의 이러한 후퇴는 그 손대면 못써 전략Immunisierungsstrategie의 대가를 흡인력의 상실과 전략 자체의 효과 상실로써 치러야만 한다. 이러한 후퇴는 많은 사람들의 순종 거부라는 반응을 야기하는데, 그들은 자기 나름의 판단 그리고 궁극적으로는 양심에 터하여 그렇게 한다. 순전한 권위 논증을 통한 교회적 신앙에의 순종 강조라는 안전장치의 강화는 곧장 양심 기능의 혼란을 초래하며, 그러한 혼란을 교도권 보유자들은 — 원칙적으로는 마땅한 일이거니와 — 개탄한다. 그리스도인 양심의 본질이 교회를 통해 전해진 책임의식에 터하여 지금 그에게 가능한 또는 부과된 행동을 위한 어떤 실천적 결론을 이끌어내는 데 있다면, 그렇다면 양심은 교도권이 제시하는 규범의 정당성을 판단하는 재판소가 된다. 이로써 한편으로는 교도권의 결정들이 많은 의견들 가운데 하나의 신념이 되어버리고, 다른 한편으로는 개개인의 양심이 방향정위의 불확실성(이것은 다른 권위들에 의해 보완·충족되어야 할 터이다)에 내맡겨지는 상황이 생겨난다. 이리하여 그리스도교적 실존 자체의 명료성이 위협받고 있다.

이러한 상황으로부터의 (일시적인 응급조치 이상의) 탈출구는 현재로서는 눈에 보이지 않는다. 서로서로 귀기울여 듣고 함께 이야기하고자 하는 기꺼운 각오만이 우리를 해결책에로 이끌어갈 것이다. 이것이 교도권측에 의미하는 바, 교회의 결정권자들은 스스로를 공개적인 물음들 앞에 세우고, 또한 당혹해하는 사람들 앞에서 자신들의 순종 요구를 개인적으로 반복할 수 있어야 한다. 결정권자들은 문서들의 익명성 안에 숨어 있음으로써, 이것저것 답답한 것 많은 신앙인이 아무리 겸손하게 자신의 항의를 말하고 싶어도 마치 잠겨진 문 앞에 서 있는 듯이 느끼게 되는 일이 없도록 해야 한다. 관청 — 여기에서는 책임지는 사람이 구체적으로 포착되지 않는다 — 앞에서의 무력감과 그 무력감으로부터 생겨나는 분노가 교회 안에는 존재해선 안된다고 그 신앙인은 생각할 것이다. 사실 그가 본질적인 것들을 간과하거나 책임있는 가르침들을 부당하게 대하는 경우도 있을 수 있다. 그러나 어쨌든 그는 최소한 기꺼이 배우고자 하는 자신에게 자신의 말을 듣고 함께 이야기해 줄 동료가 주어지기를 희망할 권리는 있다. 이 점에 있어 이미 여러 가지가 개선되기는 했지만, 아직도 많은 사람들, 흔히는 교회에 매우 열심히 헌신하는 바로 그 사람들이 정반대의 체험을 하고 있는 것은 분명한 사실이다.[38]

사정이 이러하니, **교회에 대한 이해** 한 가지도 자연히 의문시되고 있다. 그것은 제2차 바티칸 공의회가 우리에게 넘겨준 것으로서, 지난 30년 동안 많은 그리스도인에게 깊은 감명과 영감을 주어 왔던 하느님 백성의 "친교"로서의 교회관이다. 이 교회관은 제대로 받아들여지기도 전에 이미 다시 낡아버렸는가? 혹은 이 교회관은 그

---

[38] Gerd Haeffner, Ein Amt zu lehren, in: Stimmen der Zeit 213 (1995) 233-50쪽 참조(인용문은 248쪽).

저 영성에나 쓸모있지 교회의 구조적 현실에는 전혀 적합하지 않은가? 나는 이 문제를 앞에서 기술한 의사불통이라는 배경 안에서 더 상세히 다루고자 한다. 왜냐하면 나는 필연적으로 교회의 구조적 현실 안에 육화되어야 할 친교신학 바로 이것 안에 교회의 자기 이해와 현대의 현단계의 도전들 사이의 결실 풍부한 **중재** 가능성이 있다고 생각하기 때문이다.

제2장

친교신학과
교회 안의 의사불통 현실

교회 안에서 의사소통Kommunikation이 제대로 이루어지지 않는 현상을 신학적 관점에서 고찰해 보면, 여기에서는 교회의 **신학**과 **경험**의 관계에 대한 교회론의 오래된 근본 문제가 현대적 색조를 띠고 다시금 현안이 되어 있다는 사실이 드러난다. 즉, 교회의 신학적 신비(그리스도의 몸, 하느님 백성, 신앙인들의 공동체)가 교회의 가시적이며 경험적·사회적으로 포착할 수 있는 차원과 어떠한 관계에 있는가라는 문제가 그것이다. 제2차 바티칸 공의회는 (「교회헌장」 8항에서) 바로 이 문제와 관련하여 큰 걸음을 내디뎠는데, 그것이 교회론의 원칙적 전환을 가능케 했다고 나는 생각한다.

그러나 이 전환이 흔히는 그저 멋지고 열렬한 말로만 행해지고 있기 때문에, 실제적인 결과에 있어서는 우리 교회의 들보가 크게 삐걱거리고 있다. 우선 나는 신학과 경험의 관계, 구체적으로 친교와 의사소통의 관계를 세 가지 모델에 의거해 주제화하고, 다음으로는 지닌 공의회의 대답을 더 구체화하고자 한다. 그리고 이 같은 을 이끌어 가는 중심 모티브는 의사소통을 **통한** 친교임을 미리 밝혀둔다.[39]

---

[39] M. Kehl, Plädoyer für eine kommunikative Kirche, in: Pastoralblatt 47 (1995) 71-9쪽; 같은 저자, "Unsere heilige hierarchische Mutter", in: Entschluss 49 (1994) 12-6쪽 참조.

1. 교회의 신학적 차원과 경험적 차원의 관계의 세 가지 모델

ㄱ. 트리엔트 이래의 동일시

가톨릭 교회의 교과서 교회론에서는 트리엔트 공의회(1545~1563) 이래 사실상 (모든 신학자가 그런 것은 아니고 튀빙겐 학파나 뉴먼 추기경 같은 예외도 있지만) 교회의 신학적 차원과 경험적 차원의 **단순명료한 동일시** 모델이 널리 지배하고 있다. 그 전형적 본보기로서 성 이냐시오의 「교회 안에서 느끼기」 제1규칙에 나오는 정식화된 표현을 들 수 있다. "우리는 모든 (개인적) 판단을 내린 다음에는, 모든 점에서 우리 주 그리스도의 참된 신부인 우리의 거룩하고 교계제도적인 어머니 교회에 순종하고자 하는 기꺼운 각오를 지녀야 한다."[40]

현대적이고 교회비판적인 우리 귀에는 매우 듣기 거북한 구절이다! 여기서 이 규칙의 역사적 맥락을 자세히 다룰 수는 없고, 다만 우리의 문제제기를 위해 중요한, 이 정식화된 표현 배후에 있는 교회상을 제시하기로 한다.

이냐시오는 한편으로 성서적·고古그리스도교적·중세적 전통의 신비적·명상적 언어로 말한다. 그는 교회를 그리스도의 신부요 우리의 어머니로 간주한다. 이 두 가지는 위대한 영성 전통의 주요 상징들이며, 교회의 신학적 신비를 에둘러 설명해 준다. 그러나 다른 한편으로 이냐시오는 교회의 경험적·사회적 실재와 관련된 개념도 한 가지 사용하는데, 여기서 교회는 실제적으로는 중세 후기 이래

---

[40] 이냐시오『영신수련』353항.

비로소 전면에 나타나게 된 "교계제도적 교회"이다. 그는 이 두 가지를 아무 어려움 없이 동일시한다. 경험적·교계제도적 교회**가** 신학적 교회로서 그리스도의 신부요 우리의 어머니**이다**. 이것은 교회의 이 두 측면을 서로 멀리 떼어놓았던 종교개혁가들과 인문주의자들(에라스무스!)에 대한 명백한 모욕이다.

이러한 교회상 안에서는 교회에 대한 신앙인의 근본 태도가 무조건적 **순종**인 것이 당연하다 하겠다. 순종만이 신앙 안에서의 일치와 진리를 보증해 준다. 그것은 신앙·도덕 그리고 교회적 삶의 질서가 규정한 입장들을, 심지어 그것들의 진리성과 의미에 대한 자기 고유의 판단을 거슬러가면서까지 기꺼이 수용할 각오가 되어 있는 그러한 순종이다. 바로 이것이 오늘날 다시금 빈번히 말해지는 "의지와 오성의 종교적 순종"이 의미하는 바다.

이러한 외적 권위에의 순종은 그 근저에 깔려 있는 교회관으로부터 필연적으로 생겨나는 것이다. 왜냐하면 신학적으로 정당한 그리스도인 실존과 교회 실존의 공간은, 교회의 신학적 차원과 사회적·교계제도적 차원의 동일시로 말미암아, 원칙적으로 교도권이 허락하는 테두리 안으로 한정되기 때문이다.

이냐시오의 이 선택이 그토록 명백하고 단호했으며, 또 우리 세기 중엽에 들어설 때까지 4백 년 동안 대부분의 가톨릭 신자들의 일반적인 교회상을 꼴지어왔지만(특히 그들이 비교적 동질적인 가톨릭 동아리들 안에서 생활했을 경우에는 더욱 그렇다), 신비와 제도, 교회의 신학적 측면과 경험적 측면의 이 우악스러운 동일시와 그 필연적 귀결인 의심 모르는 순종이 오늘날에도 마지막 말이 될 수는 결코 없다. 그리하여 지난 30년 동안 현대의 가치관들(예를 들어 양심의 자유, 자기 책임, 참여, 의사소통 등)이 가톨릭 신앙세계 안에도 대거 밀고 들어왔고, 그러는 가운데 대부분의 신자들이 지니고 있던 이 교회상의 신빙성을 크게 와해시켰다.

따라서 교도권의 결정들에 대한 동의는 오늘날 그저 "의지와 오성의 순종"에 대한 요구를 통해서는 더 이상 얻어낼 수 없다. 교회의 문서들이 신자들의 이해와 내적 확신에 의해 떠받쳐지지 않는 곳, 그 문서들 안에 진리에 대한 신자들의 개인적 추구 그리고 교회의 신앙과 개인적 삶을 결합시키려는 그들 나름의 방식이 진지하게 받아들여지지 않는 곳에서는, 그러한 문서들은 오늘날 하느님 백성 대부분의 신앙 의식 안에 일종의 동화될 수 없는 이물질로 남게 된다. 그런 곳에서는 교도권의 온갖 "잔인한 단호함"Hanno Helbling도 아무 소용이 없다. "에라, 그렇다면 어디 더 해보자!" 이런 식의 단호함은 유럽 가톨릭 교회를 문화적·종교적 외딴 구석으로 몰고갈 따름이다. 가톨릭 신앙은 결코 주위 세계나 문화와의 **대조**에서만이 아니라 오히려 언제나 그것들과의 **접합**Anknüpfung에서도 자양분을 얻어 살아왔다. 그것이 가톨릭 신앙이 온갖 이단 종파로 변질되지 않도록 지켜주었다. 교황 요한 23세와 제2차 바티칸 공의회의 대다수 교부들은 특히 현대 문화와 관련하여 그 점을 매우 눈밝게 인식했다.

그런데 이 개방된 관점이 오늘날 교도권 동아리에서 그때처럼 보편적으로 받아들여지지 않는 까닭은 무엇일까? 추측건대, 교회 안에서 전통적 교회상의 자리에 공의회의 새로운 교회상이 뚜렷이 들어서지를 못하고, 사회적·문화적 변화 때문에 오히려 전혀 다른 신학 외차적·"후현대적" 교회상이 대신 들어섰기 때문일 것이다.

ㄴ. 오늘날 교회에 대한 사회적 인식 안에서의 경험과 신학의 분리

우리가 앞에서 "현대화 추진"으로 묘사한 1960년대 말 이래의 전체 사회적·문화적 변혁을 거치며 점차 사회의 의식 안에서도 가톨릭 교회상은 근본적으로 변화했다. 전통적 입장인 교회의 신학적 차원과 경험적 차원의 단순한 동일시가 그 두 차원의 거의 완전한 분리로 바뀌고 있다.

이러한 사실은 예를 들어 오늘날 흔히 사용되는 "관청 교회"라는 개념에서 뚜렷이 드러난다(이 개념은 가톨릭과 개신교 모두에 적용되며, 따라서 오직 혹은 우선적으로 가톨릭 교회의 교계제도적 구조를 가리키는 개념이 결코 아니다). "관청 교회"는 무엇보다도 하나의 **문화사회학적** 개념으로서, 교회가 사회·문화적으로 어떻게 인식되고 있는지를 아주 전형적으로 보여준다. 즉, — 여타 대규모 사회조직들과 마찬가지로 — (종교) 전문가들, 곧 "주요 **관리**들"에 의해 대표되며, 일반적이고 개인적인 종교적 욕구들을 전담·처리하는 하나의 거대한 종교적 서비스 수행 기관 말이다. "교회"라는 말의 **신학적** 내용(신앙인들의 공동체, 하느님 백성, 그리스도의 몸 등)은 그저 신학자와 주요 직무 담당자, 공동체의 소위 "단단한 핵심부" 등만이 알고 또 시인할 뿐이다. 그에 반해 광범한 사회적·교회적 영역에서는 탈신학화·탈영성화된 교회 개념이 널리 득세하고 있으니, 바로 "관청 교회"가 그것이다. 직무 담당자들의 수많은 반생산적 행동방식에 의해 더욱 강화되고 있는 이 개념은, 어쨌든 오늘날 중부 유럽 문화의 특수한 상황 안에 자기 나름의 근거를 가지고 있다.

이러한 상황에서 교회 안에서의 "순종"에 관해 이야기한다면, 당연히 전적인 몰이해와 혹은 더 나아가 공격적인 반발만 불러일으킬 것이다. "도대체 '관청 교회'가 무슨 권리로 그 어떤 점에서든 우리에게 순종을 요구하는가? 교회는 결국 우리와 우리의 필요를 위해 존재하는 것이며, 우리가 교회를 위해 존재하는 것이 아니다! 마침내 우리는 신앙과 윤리 문제에 있어서 '무엇이 참으로 중요한 것인지를' 스스로 잘 알고 있는, 성년成年에 이른

해방된 그리스도인들이다. …"

문화적으로 조건지어진 거의 비신학적이고 비종교적인 그러한 교회관이, 제2차 바티칸 공의회의 갱신된 교회관(하느님 백성의 친교로서의 교회)이 교회 안에서 자리를 잡아가려는 바로 같은 시기에 널리 유포되고 있다는 사실은 교회사적으로 볼 때 우리 시대의 비극이다. 그리하여 오늘날 이 두 교회관의 뒤섞임·겹침·뒤바뀜이 빈번히 생겨나고 있다(예를 들어 교회는 민주적인 의견 형성과 결론 도출을 실시하는 온갖 제도들을 그저 본받아야 한다는 식의). 이러한 일은 당연히 공의회의 교회관이 신앙인들 마음과 머릿속에 깊이 뿌리내리는 것을 어렵게 만들고 있다.

내 짐작에는, 공의회의 교회관과 후현대적 교회관의 바로 이 불명료한 "혼재"가 교회의 책임있는 지도층 인사들로 하여금 공의회의 쇄신된 교회론을 사실상 갈수록 더욱 멀리하게 만들고 있다. 오히려 그들은 11,12세기 그레고리오 개혁 때부터 유포되기 시작하여 트리엔트 공의회 이후 단 하나의 지배적 교회관이 된 옛날의 교회 이해로 다시금 기꺼이 돌아서고 있다. 즉, 지역교회들에 대한 세계교회의 군말 있을 수 없는 우위, 다양성보다는 일치의 우선, 참여보다는 순종의 우선을 강조하는 교회 이해 말이다. 그러한 회귀의 뚜렷한 증거가 신앙교리성의 문서「친교로서의 교회의 몇 가지 측면에 관하여」*Communionis notio*(1992)인 바, 여기서는 친교라는 개념 아래 고高중세 내지 후기 중세의 (교황 중심의) 법률적 교회론이 경사스러운 부활을 축하하고 있다. 일 년 후(1993.6.23) 교황청 기관지「오쎄르바토레 로마노」*Osservatore Romano*에 실린 그 문서에 대한 (필자가 밝혀져 있지 않은) 논평이 그저 하나의 비판책인지 아니면 그 문서의 사실상의 철회인지는 아직 결론이 나지 않은 채로 있다 (제2부 제3장 참조).

ㄷ. 공의회의 관점: 성사적 결합

출발점으로서 제2차 바티칸 공의회의 꼼꼼히 반성된 구절(「교회헌장」 8항)을 인용하고자 한다. 이 구절은 신학적인 **그리고** 경험적인 실체인 교회를 이해하는 데 매우 중요한 방법론적 새 경향을 내포하고 있다:

> 교계제도적 조직들로 이루어진 사회와 그리스도의 신비한 몸, 볼 수 있는 집회와 영적 공동체, 지상교회와 천상 은혜로 충만한 교회는 서로 다른 두 개의 실체로 볼 것이 아니라, 인간적 요소와 신적 요소로 결합된 단 하나의 복합적 실재를 이룬다고 보아야 한다. 그러므로 말씀이 살(肉)이 되신 신비에 교회를 비교하는 것은 하찮은 비유가 아니다. 과연 하느님의 말씀이 취하신 인성(人性)이 말씀과 갈릴 수 없도록 결합된 살아 있는 구원 기관으로서 말씀에 봉사하듯이, 매우 비슷한 방식으로 교회의 사회적 구조도 교회를 살리시는 그리스도의 영에게 봉사함으로써 그분의 몸을 자라게 한다(에페 4,16 참조).

이 진술에 따르면, 교회의 "복합적 실재"는 예수 그리스도 안에서 하느님의 사람되심에 유비적으로 비견된다. 예수 그리스도 안에서의 신성과 인성의 결합 문제를 파고들었던 451년 칼체돈 공의회는 이 결합에 관한 정식적 표현을 찾아냈으니, 곧 예수 그리스도 안에서 신성과 인성은 **"분리되지도 않고 혼합되지도 않는"** 결합을 이룬다는 것이다. 그러므로 칼체돈의 이 그리스도론적 정식을 "유비적으로" 교회에 적용할 수 있다면, 그 의미는 이렇다. 즉, 교회 안에서는 이성적으로 파악할 수 있는 차원과 오직 신앙으로만 인식할 수 있는 차원이 일종의 "분리되지도 않고 혼합되지도 않는"

결합을 이룬다. 그 두 차원은 그저 병존하는 것이 아니라, 성령 안에서 서로 갈릴 수 없이 결합되어 있다("분리되지 않는"). 그러나 그러면서도 그 두 차원은 서로 동일시되지 않으며, 오히려 — 견고한 결합 안에서도 — 본질적으로 서로 구별되어 남아 있다("혼합되지 않는").

이 모델에서는 그러므로 교회의 사회적 실재 **그리고** 신학적 신앙 신비가 함께 — 그러나 둘의 우악스러운 **동일시**나 **분리**가 아닌, **상징적 관계맺음**이라는 형식 안에서 — 고찰되고 있다. 이 두 측면은 서로 구별되지만 그러면서도 또한 서로 결합되어 있다. 왜냐하면 교회의 겉으로 볼 수 있는 형태는 교회의 내적 신비의 표지, 상징과 **성사**聖事, 수단과 도구여야 하기 때문이다. 예를 들어 성체성사에서 신앙인들의 밥상 공동체가 부활하신 그리스도와의 친교(공동체)의 도구적 표지요 상징, 곧 눈에 보이는 형태이듯이, 교회 자체에 대해서도 같은 말을 해야 한다. 교회의 **내용**과 **형태**는 그러므로 분리될 수 없는 상징적·성사적 통일체로 간주된다. 내용은 형태에 특성을 부여하며, 형태는 내용의 성사적 자기 표현이다. 이러한 성사적 결합 안에서만 교회는 신앙고백(신경) 안에 자신의 자리를 가질 수 있다. 왜냐하면 우리는 **그러한** 교회만을 "하나요 거룩하고 보편적이며 사도들로부터 이어오는 교회"로 고백하기 때문이다.

공의회의 이러한 관점은 필연적으로 다음과 같은 중요한 결론에 이른다. 즉, 교회가 공의회 문헌(「교회헌장」 1-4항 참조)에서처럼 자신을 참으로 삼위일체 하느님의 "이콘"으로, 성령 안에서 이루어지는 성부와 성자의 사랑의 "친교"의 상징과 비유로 이해한다면, 교회는 그러한 상징의 내적 논리에 따라 그에 맞갖은 "친교적" 또는 상호소통Kommunikation적 구조 안에서만 존재할 수 있으며, 상징의 내용은 역시 상호소통적인 삶의 양식 안에서 실천에 옮겨야 한다. 학문논리적인 결론은 다음과 같다. "친교"를 온전한, 그러니까 성사적 의미에서 이해하기 위해서는, 상호소통과 상호소통적 행동에 관한 사회과학적 이론들의 통합이 요구된다. 만일 우리가 신학과 사회학의 **경쟁**이라는 도식을 따르는 사람들이 곧잘 빠지는 시궁창에 떨어지지 않으려 한다면, 교회론에 있어서도 칼체돈의 모델(이 두 가지 인식방법의 상징적 **수렴**Konvergenz이라는 이념에 의해 이끌어지는)을 이용해야 한다. 이 문제에 관해서는 아래에서 더 구체적으로 다루기로 한다.

2. 공의회 교회관의 구체화: 상호소통을 통한 친교

ㄱ. 친교의 신학적 내용

교회상은 신앙의 역사에서 언제나 해당 시대의 규범적 하느님상에 결정적으로 의존하는데, 바로 이 점에서 지난 몇 십 년간 서구 그리스도교계의 신앙의식에 커다란 변화가 일어났다.

한편으로 (교회일치 운동과 이 운동이 새로운 의견 일치의 토대로서 고대교회의 신앙고백에 깊은 관심을 기울이게 된 것을 계기로) **삼위일체** 하느님상이 (성서적·인격적 관계의 의미에서) 다시금 강력히 부각되었다. 하느님은 사랑이라는 공동의 영 안에서 서로에게 향하는 성부와 성자 사이의 사랑이다. 하느님은 관계 안에 있는 순전한 생명이요, 관계로부터 발생하는 가없이 충만한 사건이며, 줌("성부")과 받음("성자")과 하나로 함("성령")이라는 친교다.

다른 한편으로 종파적 동아리들과 그것들의 구원론적인 이분법(동아리 안의 정통 신자들에게는 구원이요, 동아리 밖 비신자나 이단자들에게는 앙화로다 식의)의 와해와 더불어 종파적 신앙과 결부되어 있던 하느님상 또한 갈수록 설득력을 상실해 가고 있다. 하느님은 결코 가혹하고 정의롭기만 한 지배자요 심판자로서 두려움의 대상이 아니다. 오히려 모든 인간에게 쏟으시는 그분의 사랑과 자비가 강조되고 있다. 하느님의 **보편구원 의지**는 오늘날 대부분의 신실한 그리스도인들의 의식 안에서 아마도 그분의 가장 중요한 특성으로 간주되고 있다.

하느님상에 있어서의 이러한 강조점 이동은 오늘날의 교회상에도 매우 뚜렷한 영향을 끼치고 있다. 교회는 신학적·영성적으로 이러한 삼위일체 하느님 그리고 그분과의 사랑의 친교에 대한 하나의 비유로 간주될 수 있다. 짧은 정식으로 표현한다면, 교회는 성령에 의해 하나된, 성자 예수 그리스도에게 귀속된, 그리고 전체 창조물과 함께 성부 하느님의 나라로 부름받은 신앙인들의 공동체이다. 성령과의 관계는 교회에 교회 고유의 **일치**의 형태를 선사하는 바, 곧 다양성 속의 일치가 그것이다. 성령은 교회를 "에클레시아"ecclesia, 곧 하느님 백성의 모임이 되게 한다. 예수 그리스도와의 관계는 교회에 교회 고유의 **내용**을 선사하는 바, 곧 예수를 추종하는 교회로서 존재함이 그것이다. 그럼으로써 교회는 "그리스도의 몸", "그리스도의 신부"가 된다. 성부와의 관계는 교회의 **근원**과 **목표**를 깨닫게 하는 바, 곧 창조와 하느님 나라가 그것이다. 교회는 "하느님 백성"으로서 모든 창조물과 함께 장정長征 공동체를 이루어 완성된 하느님 나라로 향해 가면서 그 두 가지를 결합시킨다.

ㄴ. 상응하는 경험적 내용: 상호소통이 원활히 이루어지는 교회

① 요점: 대화로써 이룩한 합의를 통한 일치

이것이 의미하는 바, 앞에서처럼 이해된 교회 안에서 참으로 일치를 가져오는 의견 합치는 그저 위로부터의 지시나 아래로부터의 여론의 압력 또는 단순한 다수결로는 이루어지지 못하며, 오히려 교회 안의 온갖 신념·믿음의 방식·생활양식들 사이의 갈등은 가득하지만 개방된 대화를 통해 모색된다. 그러한 신념 등은 다음 세 가지 기준에 입각하여 평가되어야 한다. ⓐ **일치**에의 절대적 의지 ⓑ 신앙 전통의 구속력있는 주장들에 대한 **충실성**에의 절대적 의지 ⓒ 그때 그때 상황 안으로 신앙을 설득력있게 **전달**하려는 절대적 의지. 교회 안의 대화에서 적어도 이 세 가지 기준에 따라 행동하려고 노력하는 곳에는, 과연 함께 지켜갈 합의에 도달할 수 있는 좋은 기회가 존재한다. 물론 이 모든 것은 결코 쉽거나 단순한 일이 아닌 바, 그 이유로는 가톨릭 교회의 직무 문제 그리고 더 중요한 것으로 사회적·문화적 원인에서 비롯하는 문제들을 들 수 있다(개신 교회는 전혀 다른 제도적 구조 안에서 일치와 합의라는 현대적 문제에 직면해 있다).

② 근본 문제: "후현대" 안에서 구속력있는 합의?

이러한 맥락에서, 근본적인 난점은 다음 사실에 있다고 나는 생각한다. 즉, 교회 안에서 합의를 도출하는 과정이 진공상태나 순전히 교회 내적·신학적 영역에서 진행되는 것이 아니라, 갈수록 현대 내지 후현대의 정신으로 각인된 사람들 가운데서 진행된다는 것이다. 이것은 무엇보다도 **구속력**있다고 주장되는 전통에의 **속박**이 많은 사람들에게 그대로 따라할 수 없는 일이 되었음을 의미한다. 개개인 고유의 관점, 양심, 인생 설계의 수위성에 대한 강조가 매우 옹골차다. 더욱 골치 아픈 것은 **일치**와 **다원**의 관계 문제인 듯하다. 도대체 어떻게 해야 바로 "근본적인 다원성"이 가장 귀중한 가치의 하나인 문화 속에서 구속력있는 일치를 이루어낼 수 있을까?

우리 문화 속의 이러한 정신상태는 교회 안에서의 합의와 **일치**에 대한 이해에도 영향을 미쳐, 그 두 개념의 "후현대적" 오해에 이르게 하는 경우가 드물지 않다. 파울 베쓰는 이러한 오해를 다음과 같이 부정적으로 기술하고 있다:

> 일치는 반反권위주의적이고 개인주의적인 자결自決을 토대로 하는 피상적인 동의가 아니다. 그러한 자결에서는 누구나 여전히 자신의

> 주인으로 남아 있으며, 타인들과 협력하는 것은 마음에 내키고 힘
> 겹지 않을 때에만 그렇게 한다. 그러니까 모든 것 위에 있는 중대한
> 요구란 없다는 것이다. "모두가 가볍게 동의하는 것"만이 공통적이
> 고 구속력이 있다고 간주되며 … 그러한 한에서만 모두가 그렇게
> 한다(아무도 구속받고 싶어하지 않기 때문이다). 그 한도를 넘어서
> 는 그 어떤 의무도 일종의 ― 사실상 "억압적인" ― 관용을 내세워
> 배척한다.[41]

그런 다음 베쓰는 일치라는 개념을 다음과 같이 적극적으로 규정한다:

> 둘 또는 그 이상의 사람들 사이의 일치는 당사자들이 결정을 마치
> 자기 혼자서 내리고 책임져야만 하는 것처럼 진지하게 여기고, 그
> 러면서도 모두가 함께 떠받치고 함께 책임질 수 있는 공동의 해결
> 책을 (모두가 최상의 것이라고 생각하지는 않더라도) 찾아낼 때 이
> 루어진다. 그러므로 아무도 자기 양심을 거슬러 행동해야 할 필요
> 가 없다.[42]

그러면서 베쓰는 참된 양심과 때로는 그릇된 양심의 판단을 구별한다.

이러한 일치를 오늘날 교회 안에서 이루어내기가 매우 어려운 것은 단지 교회 내적인 구조 위기에만 그 원인이 있는 것이 결코 아니다. 오히려 더 근본적인 원인은 현대의 문화적 다원주의 이상理想의 영향 때문에, 신앙과 교회적 삶의 실천의 중요한 근본 문제들에 있어서 도무지 불일치가 극복되지 않는다는 데 있다:

---

[41] Paul Wess, Vom Dialog zur Einmütigkeit, in: Anzeiger für die Seelsorge 8 (1993) 349-51쪽 참조(인용문은 349쪽).

[42] 상동.

그것은 이미 공동 바탕의 결여에서 시작된다. 오늘날 교회 안에서는 이 바탕 문제가 한창 논란되고 있다. 다양한 신앙 이해, 교회관 그리고 직무관들이 나란히 병존하거나 서로 대립하고 있다. 그것들은 공동의 결정 도출의 토대일 수 없다. 공의회는 여기서 수문水門을 열었으나, 아직 새로운 하상河床은 발견되지 않았다. 신약성서 역시 바탕으로서 충분하지 못하다. 신약성서 자체가 여러 전승들로부터 생성되었고 다양하게 해석될 수 있으며(그래서 공의회 등이 필요하다), 오늘날에도 그렇다. …

그러나 이러한 바탕이 다시금 존재한다 하더라도, 이 바탕을 자기 것으로 소화하기 위한 조건과 형식들이 여전히 불명료하거나 때로는 그 자기화가 아예 발생하지도 않는다. 비유하건대, 성년이 되어 보충 교리교육을 받고 세례갱신식을 하지 않은 유아 내지 어린이 세례는, 교회가 어떤 공의회에서 세례받은 사람은 모두 원칙적으로 성년에 이르렀다고 — 이 목적 표상의 관철에 관해 구체적으로 생각해 보지도 않고 — 선언하자마자, 부메랑이 되어 반드시 교회로 되돌아온다. …

또한 그 안에서 건실한 공동생활을 원천적으로 체험하고 연습하고 살아내고 또 그럼으로써 다른 사람들도 쉽게 접근할 수 있는 집약적이고 (조망할 수 있는) 공동체들이 아직 크게 부족하다.[43]

③ 대화를 통한 합의와 교회의 교도권 사이의 대립은 불가피한 것이 아니다

그 문제 외에 물론 가톨릭 교회의 "교계제도적" 직무 구조도 오늘날 친교신학을 구조적으로 실천에 옮기는 데 큰 장애가 되고 있다. 전세계적인 친교가 형성된 초세기 이래 교회는 합의와 일치의 한

---

[43] 상게서 350쪽. 이로써 베스는 내가 미래 유럽 교회의 중요한 가능성 가운데 하나로 지칭한 "상호소통적 신앙 환경"을 요구하고 있다(제3부 참조).

가지 모델을 선택해 왔다. 이 모델은 교회회의적Synodal 원칙과 교계제도적 원칙의 결합에 의거하고 있는데, 그 결합은 세계교회적 차원에서 주교 동료성에 터한 직무 구조와 교황 중심 직무 구조의 갈등 많은 공존으로 표현되고 있다. 나는 오늘날과 같은 교회적·전체 사회적 "혼합 상황"에서는 (교회회의를 통한) 일치의 추구와 (한 인간을 중심으로 한) 최종 책임 권한의 이 결합이 교회 그리고 신앙 안에서의 교회의 일치를 위한 상당히 건실한 바탕이 될 수 있다고 생각한다. 왜냐하면 만일 세례받은 사람 모두(그들 가운데 많은 이는 신앙 공동체와 규칙적인 관계를 맺고 있지 않으며, 또 교회의 신앙 실천에도 참여하고 있지 않다)가 오늘날 매우 민감한 문제들 — 예를 들어 인격적 (그러니까 자연적·우주적이지 않은) 하느님상, 다원주의적 종교이론의 후현대적 "관용"에 희생되어서는 안될 예수 그리스도의 보편적 구원 중보성, 상호배타적인 부활과 윤회 사이의 양자택일, 성사적 결혼의 궁극적 타당성과 하느님 나라를 위한 독신의 교회적 의의, 기존의 상이점들을 무시하지 않는 ("우리가 믿고 있는 것은 사실 아주 적다. 그것을 공동으로 믿는다고 큰일 날 것 없다"라는 표어를 맹종하지 않는) 책임있는 교회일치 운동 등과 관련된 문제들 — 에 대해 저마다 한마디씩 하려고 들 때, "교계제도적" 직무 구조를 통한 어떤 구조적 닻이 그런 문제들 안에 설치되어 있지 않으면, 교회의 정체성은 곧바로 위험에 처하게 될 것이기 때문이다(그리고 이득을 보는 자들은 근본주의자들일 것이다).

그러나 — 이것이 매우 중요한 점이거니와 — 이 구조적 요소는, 그것이 합의와 결정 도출을 위한 널리 승인된 체계의 테두리 안에서 투입될 때에만, 그리고 그 투입이 상호융화와 일치를 위한 대화와 노력들이 성과를 거두지 못한 후의 마지막 수단이라는 것이 분명히 입증될 때에만, 교회의 친교적 성격을 파괴하지 않을 수 있다. 그러나 이 구조적 요소를 오늘날 매우 많은 신앙인들이 더 이상 인정하지 않기 때문에, 그리고 신앙의 합의를 도출하기 위한 작금의 체계 자체가 갈수록 빈약한 동의에 의해 지탱되고 있기 때문에(즉, 그 체계가 상호소통을 통한 합의 도출의 요구에 거의 부응하지 못하기 때문에), 친교로서의 교회의 일치가 심히 위협받고 있다. 그리고 바로 이 점을 오늘날 많은 그리스도인들은 심각한 문제로 여기고 있다.

우리는 본디 고대 교부신학의 친교 전통으로부터 필수불가결한 구조적 요소들(다양한 교회회의적이고 교계제도적인 차원들을 지닌)을 물려받았고, 그것들은 우리를 권위주의적인 교계제도뿐 아니라 교회 안의 통속적 민주주의로부터도 지켜줄 수 있다. 그러한 구조적 요소들은 오직 검증된 형태로만, 그리고 법적으로 정확하고 구속력있는 방식으로만 투입되어야 한다. 나는 **주교 선출**의 적절한 방식이 이러한 진지한 의지의 축점軸點과 시금석이 될 수 있다고 생각한다. 라틴 교회에서 통례적으로 행해지는 방식(중세 후기 아비뇽의 교황들에 의해 관철되었고, 로마의 지위에 지나친 특전을 부여한)을 오늘날에도 계속 시행해야 할 결정적인 신학적 근거는 전혀 없다. 관련있는 모든 중요한 교회적 차원들, 예컨대 지역교회(주교좌), 광역·국가 교회(주교회의) 그리고 세계교회(로마)의 균형을 이루는 동참이라는 고대교회의 모델이 새로운 친교신학뿐 아니라 오늘날의 전체교회적·사회적 상황에도 지금껏 시행되어 온 방식보다 훨씬 적합하다. 그러한 주교 선출 방식은 특히 "하급" 차원의 교회회의적 구조들(주교와 본당 공동체들)에 결정적인 가치절상을 선사하고, 그 구조들을 "놀이 목장"이라는 부끄러운 평판에서 해방시켜 줄 수 있을 것이다. 교회 내의 "교계제도적" 직무 또한 오늘날 상호소통적 법문화를 통해서만 자신의 참된 신학적 의미와 가치를 계속 보유할 수 있다. 그외의 다른 수단에 의지하는 것은 결국 반생산적이고 자기파괴적인 결과에 이르게 된다.

교회의 정체성과 현대 문화 사이의 중재의 성공 여부가 그러한 구조적 문제들에 달려 있는 것만은 물론 아니다. 발타사르H. U. v. Balthasar는 "그리스도의 몸"의 구조들을 인간 육체의 "골격"과 자주 비교했는데, 사실 그 구조들은 그 이상도 이하도 아니다. 누구나 알고 있듯이, 튼튼하고 민첩한 골격 **없이는** 온몸을 제대로 움직일 수가 없다.

"주교 선출"이라는 화두話頭는 우리에게 교회 안의 또 하나의 의사불통을 환기시켜 주는데, 그것은 우리의 직접적인 체험 영역을 벗어나지만 아무튼 주교 선출 안에서 극명하게 드러난다. 곧, 세계교회와 개별교회들 사이의 어렵고 미묘한 관계가 그것이다. 이 관계에 대한 신학적 이론과 이 관계의 실제적 형태는 오늘날 세계 곳곳의 교회 안에서 거듭 새삼 심각한 긴장을 야기하고 있다.

제3장

세계교회와 개별교회들 사이의 불균형

교황청 신앙교리성이 모든 주교들에게 보낸 1992년 6월 15일자 회람「**친교**로서의 교회의 몇 가지 측면에 관하여」는 가톨릭 교회와 교회일치 운동 내에서 제2차 바티칸 공의회의 **친교**신학에 관한 격렬한 논쟁을 불러일으켰고, 그래서 교황청 기관지「오쎄르바토레 로마노」는 1993년 6월 23일 마지못해 일종의 해명성 논평(짐작건대 요셉 라칭거 추기경이 썼으리라)을 게재했다. 이 두 가지 텍스트를 자세히 다루기 전에, 나는 더 원칙적인 부분인 1절에서 제2차 바티칸 공의회에 의해 토대가 놓여진 세계교회와 개별교회들 사이의 관계를 명시하고자 한다. 또한 그것과 더불어 공의회 이후 교회론에서 합의된 내용들도 제시할 것이다. 그 교회론은 바로 쇄신된 새 경향들 — 제1차 바티칸 공의회를 상대화시키는, 다시 말해 그 공의회를 **친교**신학이라는 더 폭넓은 맥락 안에 편입시키는 — 에 힘입고 있다.[44]

---

[44] M. Kehl, Die jüngste Kontroverse zum Verhältnis von Universalkirche und Einzelkirchen, in: M. Pankoke-Schenk – G. Evers (Hg.), Inkulturation und Kontextualität (FS Ludwig Bertsch SJ), Verlag J. Knecht, Frankfurt a.M. 1994, 124-37쪽 참조.

1. 제2차 바티칸 공의회에서의
관계 규정

제2차 바티칸 공의회가 2천 년 동안 지나치게 중앙집권적으로 꼴지어져 온 교회관과 직무관을 다시금 교회에 대한 성서적·교부신학적 지평에 접합시키고 또 그로써 새로이 해석하게 된 결정적 계기는, 「교회헌장」에서 **복수형** "교회들"이 가톨릭 교회와 교회일치 운동 안에서의 자신의 신학적 호주권戸主權을 마침내 다시금 보유하게 된 사실에 있다. 물론 실제적인 중요성 때문에 여전히 단수형 "교회"가 모든 사람을 포괄하는 하나의 하느님의 **회중**(ecclesia)을 표현하는 단어로서 뚜렷이 부각되고 있다(「교회헌장」 1,2항 참조). 그러나 그렇다고 해서 「교회헌장」과 여타 공의회 문헌들의 원칙적 관점에서 볼 때, 지역-개별 교회들이 세계교회와 똑같은 신학적 지위를 보유한다는 사실이 달라지는 것은 결코 아니다. 이 사실에 대한 가장 중요한 진술들은 주교들의 동료성에 관한 새로이 정식화된 표현들에서 찾아볼 수 있다. "개별교회들 **안에서** 그리고 개별교회들**로부터** 유일하고 단일한 가톨릭 교회가 존립한다"(「교회헌장」 23항). "예수 그리스도의 교회는 신자들의 모든 합법적 지역 공동체들 안에 참으로 현존하며, 자기 목자들과 결합된 이 공동체들은 신약성서에서도 교회라고 불린다"(26항).

"교구 신자들은 자기 주교를 따르고 주교는 성령 안에서 복음과 성체성사로써 그들을 결합시켜 하나의 개별교회를 이루며, 그 안에는 하나요 거룩하고 보편적이며 사도들로부터 이어오는 그리스도의 교회가 참으로 내재하며 활동하는 것이다"(「주교교령」 11항).

ㄱ. 동일 원천성의 원리

앞에서 인용한, 그리고 그와 유사한 공의회 진술들의 핵심적 의미는 이것이다. 즉, 세계교회뿐 아니라 수많은 지역-개별 교회들도 ― 물론 이 교회들이 상호간에 참으로 **"교회들의 친교**(공동체)를 이루고 있는 한에서만 ― 적법한 방식으로 **증거 · 전례 · 봉사**라는 교회의 근본적 실천을 수행하는 온전한 의미의 교회ecclesia로 간주된다는 것이다. 그러므로 세계교회는 자체 안에 온전히 "존립하고 있는" 지역 · 인간 공동체들의 (사후 · 보충적) 연합(일종의 연맹체 조직 비슷한)이 아닙니다. 또한 (순전히 외적인 이유 때문에) 많은 부분("하부 조직")으로 세분되는 (잠정적인) 사회적 체제(여러 "국"局들을 거느린 전세계에 걸친 "슈퍼 교구")도 아니다.[45]

"교회"의 성서적 개념과 교부들의 "친교"관觀에 대한 분석이 말해주듯이, 역사적으로 존재하는 교회는 **동일 원천성**에 터하여, 자신을 **단 하나**의 포괄적인 교회(곧, 단 하나의 "하느님 백성", 단 하나의 "그리스도의 몸")로서, 그리고 또한 동시에 **"다수"**의 교회와 공동체들(예루살렘, 고린토, 로마, 필립비 등에 있는 "하느님 백성")로서 나타낸다. 이 두 측면은 하나가 다른 하나로부터 파생될 수도 없고, 또 하나가 다른 하나에게 환원될 수도 없다. 이 둘은 모두 사제 안에 교회의 본원적 가치와 의미 내용을 지니고 있다. 그래

---

[45] J. Ratzinger, Das neue volk Gottes, Düsseldorf 1969, 205쪽; J. Komonchak, Die Kirche ist universal als Gemeinschaft von Ortskirchen, in: Concilium 17 (1981) 471-6쪽; F. Barredo, Las iglesias. Desarollo de una teología de la iglesia particular en el Concilio Vaticano II, Quito 1983; M. Kehl, Die Kirche, 336-72; 378-83쪽 참조. 개별교회(Einzelkirche)가 단순히 세계교회의 한 "부분"이 아닌 이상, "부분교회"(Teilkirche)라는 표현은 자칫하면 오해를 불러일으킬 수 있다. 그러므로 "개별교회" 내지 "지역교회"(= 교구) 또는 "광역교회"(예컨대 여러 지역교회의 결합체로서)라는 개념들을 사용하는 것이 바람직하다. 라칭거도 상서에 205쪽에서 비슷한 이야기를 하고 있다.

서 이 가치와 의미 내용은 두 측면의 **상호관계 안에서만** 정당성을 지닐 수 있다. 그리하여 한편으로 세계교회는 오직 지역교회들 "안에서" 그리고 지역교회들 "로부터" 존립하고(「교회헌장」 23항) 오직 지역교회들(개별적이고 전체적인) 안에서 "현존하며"(26항), 다른 한편으로 개별교회들은 오직 모든 교회들의 상호소통적인 (다시 말해 신앙과 성찬의 공동체 안에 함께 서 있는) 결합(일치) 안에서만 자신들 고유의 교회 존재Kirche-Sein를 실현한다.

상당히 복잡해 보이는 이 내용은 흔히 사용되는 "공동체"Gemeinschaft(친교)라는 개념에 비추어보면 곧 분명해진다. 참된 공동체에서는 개개 구성원들이 단순한 톱니바퀴나 번호 혹은 전체의 한 부분이 아니라, 스스로 책임지는 존재들로 인정된다. 한편 거꾸로 그들은 자신들의 공동체를 그저 "개개 구성원들의 합계"로 간주해서는 안되며, 오히려 구성원들을 꼴짓고 길러내며 그들과 마주 서 있는, 고유한 가치를 지닌 실재로 받아들여야 한다.[46]

ㄴ. 통합과 차별화의 실천

이론적으로 널리 인정받고 있는 이 원리는 당연히 지난 수백 년간의 **관행에 대한** 근본적인, 그리고 그때문에 논쟁을 야기하는 **수정**으로 귀결된다. 왜냐하면 오늘날 통합Integration 그리고 차별화Differenzierung는 동등한 가치 인정과 비중을 요구하기 때문이다. 이것이 의미하는 바, 지역교회와 광역교회의 원천적이고 등가적等價的인 다양

---

[46] 「교회헌장」, 23항의 "개별교회들 안에서 그리고 개별교회들로부터 … 존립한다"라는 이중 개념이 의미하는 바가 바로 이것이다. "개별교회들 안에서"가 뜻하는 것: 단 하나의 교회는 오직 다수의 개별교회들 안에서만 자신을 실현한다. "개별교회들로부터"가 뜻하는 것: 오직 개별교회들의 단일성과 총체성이 단 하나의 교회를 성립시킨다.

성이 존중되는 곳, 이 교회들이 획일성에서 벗어나 차별화되어 살아갈 수 있는 곳에서만, 세계교회 역시 비로소 온전한 의미의 "교회"로서 존재한다. 그에 반해 획일적인 통제는 결국 교회의 진정한 자기실현인 "교회들의 친교(공동체)"를 파괴한다. 그러한 통제는 개별교회뿐 아니라 세계교회로부터도 교회 공동체로서의 특성을 탈취해 버린다.

거꾸로 말해도 마찬가지다. 개별교회들은 그 모든 자주성에도 불구하고 동시에 모든 지역교회들의 연합이라는 더 큰 전체, 곧 세계교회 안으로 편입되고, 또 자신들의 고유한 가치를 지나치게 강조하여 포괄적인 일치가 더 이상 눈에 보이지 않고 그래서 기능 불가능하게 되지 않는 곳에서만, 온전한 의미의 "교회"이다. 지역교회들 쪽에서의 통합에의 기꺼운 각오 **그리고** 세계교회 쪽에서의 차별화에의 기꺼운 각오는 "교회들의 친교(공동체)"의 성공적 실천을 위한 전제조건이다.

수백 년간의 **일방적** 관행을 포기하고 새삼 **교호적** 관계를 수립한다는 일이 쉽지 않은 것은 당연하다. 양측 모두 자기 자신을 너무 중요시하며, 그래서 오직 꾸준하고 개방적이며 두려움 없는 대화를 통해서만 유지할 수 있는 불안한 균형을 포기하려는 위험에 처해 있는 것은 어쩌면 불가피한 일인지도 모른다. 그러므로 상대방의 지나친 요구들에 대한 지속적인 **상호 교정**이 필요하다. 로마가 정당한 권리에 터하여 개별교회들에게 거듭 새삼 세계적 일치를 상기시키고 또 그들을 설압시켜야 하듯이, 개별교회들도 그들 편에서 똑같이 정당한 권리와 의무에 터하여 로마에 대해 자신들의 포기할 수 없는 고유한 가치를 관철시켜야 한다. 베드로 직분과 그것의 세계교회적 책임에 대한 그러한 비판적 항의는 결코 항명으로 비방을 받아서는 안되며, 오히려 그 반대로 교회의 차별화된 일치를 위한 필요불가결한 봉사로서 요청·강화되어야 한다. 증대하는 가톨릭적 다양성에 대해

방어적으로 대응하지 않고 오히려 당당하면서도 자기비판적으로 대응하는 주요 교회 지도층은 면목을 잃지 않고 그러한 대화를 이끌어 갈 수 있을 것이다.

ㄷ. 교회법적 귀결

① 주교 시노드, 광역 공의회, 주교회의의 가치절상

교회들의 친교(공동체)에 있어서 일치와 다양성의 이러한 상호관계성은, 만일 교황 바오로 6세가 공의회의 권고로 설치한 주교 시노드가 단지 자문하는 자격뿐 아니라 **의결**하는 권한까지 가지고 있다면, 가톨릭 내부적으로 훨씬 실감나게 드러날 것이다. 만일 그렇다면 주교 시노드의 결의 내용들은 그것과 관련하여 뒤이어 발표되는 교황청 문서의 의안으로 사용되는 데 그쳐서는 안되며 오히려 — 공의회와 유사한 — 합의적이고 동시에 수위권적으로 파악되는 교회 유일의 최고 지도 위원회의 공동 견해로 간주되어야 할 것이다. 그러나 오늘날의 상황은 전적으로 교회 교도직의 불균형 구조만을 강화한 결과, 제2차 바티칸 공의회의 "균형을 이루게 하는" 충동 작용이 거의 아무런 결실도 거두지 못하고 있다.

광역 공의회Partikularkonzil(개별 공의회) — 예컨대 한 대륙이나 그밖의 규모 큰 문화적 단위의 공의회 — 들에 있어서도 사정은 비슷하다. 이런 공의회나 시노드들은 오직 로마의 소집으로 그리고 로마의 주재나 통제하에서만 개최·진행될 수 있는데(예를 들어 1994년 로마에서 열린 아프리카 시노드, 1992년 산토 도밍고에서 개최된 제4차 라틴아메리카 주교총회 등), 그것은 가톨릭 교회를 "교회들의 친교"로서 새로이 소생시키고자 했던 공의회 교회신학의 내적 논리에 상치된다. 그런 일에서는 오래 전에 극복되었다고 믿었던 획일적이고 중앙집권적인 일치 모델이 또다시 관철되고 있는 것이다.[47]

102 제2부: 교회 내적 갈등들

제2차 바티칸 공의회의 친교신학을 효과적으로 실천에 옮길 수 있는 또 다른 방법은, **주교회의**를 신학적 또는 법률적으로 높이 재평가하고, 비록 역사적으로 조건지어져 있으나 신학적으로 볼 때 교황과 개별 주교 사이에 필수적으로 존재하는 교회의 구조 요소로 받아들이는 것이다. 이 문제에 있어서는 몇 년 전부터 한쪽에는 대부분의 가톨릭 신학자와 교회법 학자들, 그리고 다른 한쪽엔 로마(구체적으로 주교성성, 1987) 사이의 공공연한 의견 대립이 계속되고 있다.[48] 특히 교황 내지 개별 주교의 재치권裁治權적 전권에 정향定向된 교회론은 특정한 합의적 "중간 심급"Zwischeninstanz들에 대한 그렇게 높은 가치절상을 무엇보다도 교황 내지 개별 주교의 전권에 대한 제약으로 의심한다. 그래서 주교회의를 기껏해야 사목적으로 쓸모있고 필요한 자문기구 정도로 인정하고 있다.[49] 그에 반해 제2차 바티칸 공의회의 친교신학의 논리적 결과들을 교회의 법률적 구조 안에서 실현시키고자 하는 다른 입장은, 주교회의를 무엇보다도 고대교회의 총주교좌를 중심으로 한 합의 구조의 현대판으로 인식한다(「교회헌장」 23항 참조). 이 입장은 더 나아가 주교회의 제도를 신학적으로 볼 때 교회의 본질에 맞갖은 것으로, 그리고 (온갖 시대제약성에도 불구하고) 하느님과의 친교의 성사聖事라는 교회 근본 구조의 필연적인 구체화로 간주한다.[50]

---

[47] W. Kasper, Das Petrusamt als Dienst der Einheit, in: V. v. Aristi u.a., Das Papstamt. Dienst oder Hindernis für die Ökumene? Regensburg 1985, 113-38쪽(이 대목은 127쪽) 참조.

[48] H. Müller – H. J. Pottmeyer (Hg.), Die Bischofskonferenz. Theologischer und jurisdischer Status, Düsseldorf 1989; W. Kasper, Zukunft aus der Kraft des Konzils, Freiburg 1986, 88-95쪽 참조.

[49] G. Greshake, "Zwischeninstanzen" zwischen Papst und Ortsbischöfen, in: H. Müller – H. J. Pottmeyer (Hg.), Die Bischofskonferenz, 97쪽 참조.

[50] 주 48에 제시한 책 Die Bischofskonferenz 안에서 특히 Pottmeyer(44-87쪽)와 Greshake(88-115쪽)의 논문 참조.

1985년에 개최된 특별 주교 시노드가 그래도 이 입장에 가깝다. 그 시노드는 친교신학 안에 동료성 원칙의 "성사적 토대"가 있다고 보았는데, 그 원칙은 엄밀하고 온전한 의미에서 수장首長과 함께하는 **전체** 주교단의 합의 안에서 실현된다는 것이다. 그밖에 역시 "동료성 의식의 참된 표지요 수단(「교회헌장」 23항 참조)인 부분적 실현들도 있으니, 곧 주교 시노드, 주교회의, 로마 교황청, 주교들의 사도좌 정기 방문 등"[51]이라고 한다. 그러므로 주교회의의 전권은 개개 주교들이나 교황에게 위임받은 것이 결코 아니다. 오히려 그 전권은 그리스도로부터 유래하는 주교적-개별교회적 전권을 자기 고유의, 합의적 방식으로 표현하고 있다.[52]

더 나아가 고대교회의 친교의 역사는, 지역교회에 대한 주교의 전권과 전체교회에 대한 교황의 전권 두 차원으로 이루어진 단순한 2원(2분) 구조는 교회들의 참된 친교(공동체)가 점차 **와해**되는 결과에 이르고 만다는 것을 뚜렷이 보여주고 있다. 서방에서는 개개 지역교회들이 갈수록 강력한 교황직에 "흡수"되어 지역적 하부조직으로서 로마 교회 안으로 편입되었다. 동방에서는 힘있는 교황직을 가지지 못한 교회들의 친교는 활동 능력있는 통일체를 전혀 형성하지 못하는 많은 "독자적" 지역-광역 교회들 안으로 와해되었다.

따라서 다음과 같은 필연적인 결론이 도출된다. 즉, 지역교회(주교를 중심으로 한), 광역교회적 통일체들(특정한 "우두머리 교회"를

---

[51] W. Kasper, Zukunft aus der Kraft des Konzils, 35쪽에서 재인용. 카스퍼는 1985년의 특별 주교 시노드에 임시 사무총장으로 관여했다. 그런데 여기 인용된 그 시노드 텍스트에서 주교회의와 로마 교황청을 신학적으로 동등한 수준의 동료성의 부분 실현으로 간주하는 것은 내게는 좀 의아하게 보인다. 왜냐하면 교황청은 전체교회에 대한 교황의 지배를 집행하는 조직인 데 반해, 주교회의는 개개 지역교회들로 이루어진 광역교회적 공동체라는 "중간 차원"의 고유 심급(審級)이기 때문이다.

[52] P. Krämer, Theologisch-rechtliche Begründung der Bischofskonferenz, in: Zeitschrift für Evangelisches Kirchenrecht 32 (1987) 406쪽 참조.

중심으로 한), 전체교회(교황을 중심으로 한)의 차원 안에서 자신을 실현하는 3원(3분)적 교회 구조만이 전체교회적 친교가 지역교회들(이것들은 진정하고 고유한 자기 모습과 문화적 종합을 산출해 내기는 대부분 너무 작다)의 다수성 안으로 와해되거나, 이 지역교회들이 교황의 수위권 앞에서 자신들의 가톨릭적 중요성을 충분히 관철할 수 없게 되는 일이 일어나지 않도록 보장해 줄 수 있다.[53]

교회의 견실하고 활기있는 친교 구조를 참으로 원하는 사람은, 이러한 합의적인 "중간 심급들"을 강화해야만 한다. 그렇지 않으면 친교신학에 대한 온갖 얘기는 신빙성없는 것으로 그치게 될 것이다.

② 주교 선출의 새로운 방식

우리가 공의회의 친교 교회론을 경험적 실질 내용은 거의 없는 영성적 교회상들의 오랜 역사 안의 또 하나의 장식품 정도로 간주할 것이 아니라, 현실 교회를 위한 하나의 진지한 구상으로 받아들일 수 있고 또 받아들여야만 한다는 사실의 불행하지만 결정적인 증거는, 말할 필요도 없이 가톨릭 교회 내에서 **주교들**이 선출 내지 임명되는 방식이다. 교회법의 규정은 상당히 느슨하다. "교황은 합법적으로 선출된 사람들을 자유로이 또는 재가하며 주교들로 임명한다"(c.377. 1 CIC). 로마는 14세기 이래 교황은 자신의 "완전한 권한"에 터하여 주교들을 임명할 수 있다는 명제를 **원칙상**으로는 관철해 왔다. 그러나 교회의 실천 면에서 이 명제가 전세계적으로 완전히 실현된 것은 20세기에 들어와서였다. 그 이전에는 많은 나라에서 국가 기관 또는 주교좌 성당 참사회의 공동 참여가 중요한 비중을 지녔고, 로마는 대개 선출 과정의 마지막 단계에서야 재가를

---

[53] G. Greshake, "Zwischeninstanzen" zwischen Papst und Ortsbischöfen, 105쪽.

통해 참여하는 식이었다. 그러나 20세기에 들어선 이후에는 종교협약에 의해 규정되었던 국가 기관의 동의나 주교좌 성당 참사회의 참여는 독일에서도 거의 형식적 최소치로 축소되었다.[54] 이러한 현상에서는 교회의 일치와 직무 보유자들에게의 전권 위임의 근거를 교황의 최고 관할권에서 찾는 저 교회관의 득세가 뚜렷이 반영되고 있다.

그러나 이것은 제2차 바티칸 공의회의 가르침에 따르는 가톨릭 교회의 자기 이해가 결코 아니다. 교회의 친교적 성격, 또 그와 함께 최고 교도직의 합의적 구조가 다시금 중요한 의미를 획득해 가고 있는만큼, 주교 임명에 관해서도 **시급히** 새로운 고찰들을 시도해야 한다. 샤츠를 비롯한 여러 사람들의 매우 뛰어나고 신뢰할 만한 역사적 연구 성과 가운데 특히 아래의 관점들을 염두에 두어야 한다.[55]

주교 임명은 교회 친교(공동체)의 근본 기능이므로, 거기에 — 고대교회 주교 선출의 모범을 따라 — **하나**의 주무 기구만이 아니라 친교를 형성하는 **모든** 구조적 요소들이 적절하고 진지하게 관여하는 것은 그야말로 합당한 일이다. 지역교회 자신은 예를 들어 공동체들의 주요 대표자들과 주교의 주요 협력자들로 구성된 교구 사목협의회와 사제평의회가 후보자들 명단을 제출함으로써; 그리고 지역교회들의 결합인 "중간" 차원의 광역교회에서는 예를 들어 주교

---

[54] 독일 교구들(바이어른은 제외)에서는 1929년과 1932년의 종교협약에 따라 주교좌 성당 참사회가 로마가 제출하는 3명 후보자 명단 중에서 한 사람을 주교로 선출한다. 바이어른에서는 로마가 (1924년의 종교협약에 따라) 일정한 사전 협의를 거쳐 직접 주교를 임명한다. 바젤과 상트 갈렌에서만 주교좌 성당 참사회가 로마가 제출하는 명단 없이 주교를 선출하는 권한을 아직도 보유하고 있다(그렇게 선출된 주교를 로마가 재가한다). "3인 후보자 명단을 제출하는 자가 — 그 명단으로부터 선택하는 자가 아니라 — 언제나 선거에서 결정적인 발언권을 가진다. 그는, 하고자 하기만 한다면, 선거를 허구로 만들 수도 있다." K. Schatz, Bischofswahlen. Geschichtliches und Theologisches, in: Stimmen der Zeit 207 (1989) 291-307쪽(인용문은 302쪽); G. Greshake (Hg.), Zur Frage der Bischofsernennungen in der römisch-katholischen Kirche, München 1991 참조.

[55] K. Schatz, Bischofswahlen, 302쪽 이하 참조.

회의가 그 명단으로부터 새 주교를 선출함으로써(지역교회 협의회들의 일치된 신망을 얻고 있는 새로운 후보자들을 내세울 수도 있다)[56]; 끝으로 세계교회에 대한 교도권을 보유하고 있는 로마 주교는 그렇게 선출된 주교를 최종 책임을 지고 재가함으로써(혹은 재가하지 않을 수도 있다. 왜냐하면 교황에게도 한 사람의 새 후보자를 추천하는 권한이 있기 때문이다. 그러나 이 새 후보자 역시 어쨌든 앞의 두 차원에서 일치된 신망을 얻고 있어야 한다).

교회의 친교를 이루는 데 있어 신학적으로 중요한 모든 차원이 이러한 구조적 협력을 함으로써, 주교들이 걸핏하면 특정한 정치적 이해관계, "충성심" 혹은 인기 때문에 선출되는 것을 방지하고, 목자로서의 직무 수행에 꼭 필요한 자격과 능력에 터하여 선출되도록 보장할 수 있다. 또한 그렇게 함으로써 교황 첼레스티노 1세와 레오 대교황이 이미 5세기에 경고했던 일을 매우 효과적으로 저지할 수 있다. "어떠한 주교도 교회의 뜻을 거슬러 주어져서는 안된다."

그런데 바로 그러한 일이 지난 몇 년간 많은 지역교회와 주교회의 안에서 분극화分極化 현상을 야기했다. 다시 말해 로마가 빈번히 지역교회와 그 협의회들의 뜻을 거슬러 주교들(대부분 제2차 바티칸 공의회보다는 제1차 바티칸 공의회의 교회관과 더 가까운 사목적 그리고/혹은 신학적 노선을 지니고 있다)을 임명했고 또 지금도 하고 있다. 그러한 일은 지난 천 년간의 교회관, 직무관을 제2차 바티칸 공의회에 터하여 새로운 지평 안에서 이해하고 실현하려는 길을 나선 교회를 방해하고 분열시킨다. 그래서 교회는 로마가 자신을 이 길에서 또다시 내치지 않고 오히려 합의적 직무 수행이라는 뚜렷한 표지를 통해 힘을 북돋아주기를 마땅히 믿고 기대한다.

---

[56] 이것은 고대교회의 관례에 상응한다. 그 관례에 의하면 이웃 교구 주교들과 수석 대주교들이 실질적인 임명권을 가지고 있었다. 민중(내지 유지들)과 성직자단은 보통 "추천권"을 가지고 있었다.

제3장: 세계교회와 개별교회들 사이의 불균형   107

2. 신앙교리성의 문서
「친교로서의 교회의 몇 가지 측면에 관하여」(1992)

이 문서[57]가 생겨난 동기는 신앙교리성이 공의회의 친교관을 요약해 놓은 몇 군데, 특히 친교와 교회 개념들("하느님 백성", "그리스도의 몸", "성사")의 관계와 관련되는 부분에서 찾아볼 수 있다. 여기서는 문서의 제2부에 관해서만 논평하기로 한다. 제2부의 라틴어 제목은 "De Ecclesia universali et de Ecclesiis particularibus"[58]인데, 나는 이것이 "전체교회와 부분교회들"Gesamtkirche und Teilkirchen로 번역되어서는 안되며, "세계교회와 개별교회들"Universalkirche und Einzelkirchen[59]로 번역되는 것이 옳다고 생각한다. 왜냐하면 "ecclesia universalis"는 교회의 **신학적** 개념을 가리키는데, 이것은 신경信經에서 말하는 내용("보편교회")과 같다. 그에 반해 "전체교회"Gesamtkirche는 무엇보다도 그저 세계를 포괄하고 있는 교회라는 **경험적** 실재를 가리킨다. 이 두 가지 면이 서로 완전히 분리될 수는 없지만, 어쨌든 용어상으로는 분명히 구별되어야 한다(「교회헌장」 8항 참조).

문서의 이 제2부는 세계교회와 개별교회들의 관계를 매우 부동적浮動的이고 모호하게 진술하고 있는데, 이것이 개별교회들을 과소평가토록 하는 오해를 더욱 부추기고 있다. 이런 점은 이미 7항에 나타나는데, 거기서는 우선 그리스도의 교회, 곧 신경에서 말하는 교회는 세계교회임을 매우 강조한다. 그런데 이 세계교회는

---

[57] 이 책에서는 독일 주교회의가 번역한 텍스트를 인용하겠는데, 이 텍스트는 Herder-Korrespondenz 46 (1992) 319-23쪽에 실려 있다. 또한 H. J. Pottmeyer, Kirche als Communio, in: Stimmen der Zeit 210 (1992) 579-89 참조.

[58] Osservatore Romano, 1992.6.15. 7쪽 이하 참조.   [59] 각주 45 참조.

사람, 집단, 시간 그리고 장소들의 구체적 특성과 다양성 안에서 현존하고 활동한다. 그리스도의 유일한 교회의 구원의 현존의 이러한 다양한 표현 형식들 가운데 사도 시대 이래 저 교회들도 포함되어 있는 바, 이 교회들은 ─ 세계교회가 이것들의 특성을 손상시키지 않으면서 이것들 안에 자신의 모든 존재 요소와 함께 현존하기 때문에 ─ 그 자체로서 교회들이다.

여기서 "이러한 다양한 표현 형식들 가운데 …"라는 표현이 내게는 거슬린다. 왜냐하면 개별교회들은 세계교회가 현재화한 "여러 가지 형식들 가운데 하나"가 아니라, 세계교회의 본래적이고 진정한 실현 형식 ─ 물론 다양한 "사람들과 집단들" 안에 다양화·차별화되어 있는(differenziert) ─ 이기 때문이다. 개인들과 집단들은 그 자체로서가 아니라, 오직 개별교회의 구체적 모습으로서만 또한 세계교회의 구체화이기도 한 것이다.

 8항에서는 친교Communio라는 개념 ─ 1부에서 하느님과의 그리고 신자들 상호간의 신앙 안에서의 사귐(공동체)으로 설명되었다 ─ 을 **유비적**으로analog 개별교회들의 일치에 적용한 결과, 세계교회를 "교회들의 친교"로 특징지을 수 있었다. 그런데 왜 **"유비적"**인가? 앞에서 인용한 「교회헌장」 23항은 단순히 "그리스도의 신비체 전체" **가** 교회들의 몸**이다**라고 말하고 있다. 그리고 바울로의 친교Koinonia 개념 역시 비록 다양한 의미 내용을 포함하고 있지만, 어쨌든 여러 지역교회들이 예루살렘 모교회나 상호간에 맺고 있는 관계가 "유비적" 친교로 묘사되지는 않는다. 신앙교리성 문서의 전체 맥락에서 볼 때, "유비적"이라는 단어는 "교회들의 친교"와 관련하여 부차적이고 파생적인 어떤 것을 강조하려 애쓰는 기미를 드러내고 있다. 이러한 인상은 8항을 지배하고 있는 관심이 무엇보다도 세계교회의 신학적 중요성을 약화시키는 이론들을 배척하는 데 있다는 사실에 기인하는지도 모른다. 그렇다고 이제 거꾸로 개별교회들의 신학적 특성을 약화시키는 일도 문제를 올바로 해결하는 것은 못 된다.

ㄱ. 세계교회의 "존재론적이고 시간적인" 우위성?

그러나 진짜 걸림돌은 사실 이 문서 9항에 있다. 여기서는 우선 세계교회와 개별교회들은 "상호적인 본질"gegenseitige Innerlichkeit 안에서 마주보고 서 있다 — 이것은 우리가 앞에서 언급한 "동일 원천성의 원리"를 상기시킨다 — 라고 옳게 말한 후에, 갑자기 세계교회는 "자신의 고유한 신비에 터하여 모든 **개별적**인 부분교회들을 **존재론적**이고 **시간적**으로 앞서 있는 실재"라고 주장한다. 그리고 이 주장의 근거로 교회의 신비가 존재론적으로 이미 창조에 선행한다 — 교회가 창조계를 위한 예수 그리스도의 "목적원인성"Zielursächlichkeit에 참여한다는 의미에서는 사실 전적으로 옳은 말이다(골로 1,15-20 참조) — 는 사실을 내세우고 있다. 그 다음엔 교회의 이러한 신학적 목적성으로부터 많은 교회들에 대한 유일·단일한 교회의 **원천적 관계**를 직접 도출해 내고 있다. "유일·단일한 교회는 부분교회들을, 말하자면 딸들로서 낳는다. 이 교회는 부분교회들 안에서 자신을 표현하며, 부분교회들의 어머니이지 그것들의 소산이 아니다." 그리고 이 교회는 **시간** 안에서는 성령강림날에 공공연히 세상에 나타났으니, 마리아와 사도들을 중심으로 한 120명의 공동체가 이 유일·단일한 교회를 표현하며, 이 교회로부터 그후 여러 지역교회들이 생겨났다고 한다. 이러한 사고 과정은 다음 문장에서 정점에 이른다. "그 교회들은 세계교회 안에서 그리고 그것으로부터 태어나기 때문에, 자신들의 교회성을 세계교회 안에 그리고 그것으로부터 보유한다. 그러므로 제2차 바티칸 공의회의 정식적 표현 '교회들 안에 그리고 교회들로부터 존립하는 교회'는, '교회 안에 그리고 그 교회로부터 존립하는 교회들'이라는 또 다른 정식적 표현과 갈릴 수 없이 결합되어 있다. 전체교회와 부분교회들 사이의 이러한 관계는, 어떠한 인간 집단이나 사회 안의 전체와 부분들 사이의 관계에서도 비견할 만한 것을 찾을 수 없는 신비한 특성을 지니고 있다."

ㄴ. 논쟁

한편으론 신비로서의 교회의 **창조-은총 신학적** 우위성, 다른 한편으론 세계교회와 개별교회들 사이의 **교회론적**인 원천적 관계, 이 둘을 논증을 통해 결합시키는 것이 나로서는 알아듣기가 쉽지 않다. 왜냐하면 후자가 전자로부터 좇아나오는 것은 결코 아니기 때문이다. **신비**로서의 교회 역시 이미 언제나 — 하느님의 보편구원 의지의 목적원인으로서뿐 아니라 역사 안에 구체화된 실재로서도 — 여럿Vielheit **안에서의** 하나Einheit이지 여럿 **앞의** 하나가 아니다. 이러한 하나와 여럿의 — 구체적으로 세계교회와 지역교회들의 — 당초부터 변증법적인 "상호적 본질"을 교회는 궁극적으로 자신의 삼위일체 신학적 근원에 힘입고 있다. 왜냐하면 하느님의 하나의 신적 본질은 바로 세 위격 **안에서** (세 위격에 **앞서서**가 아니라) 구현되어 있으며, 또 그렇게만 창조계 안에 역사하기 때문이다. 그러므로 성령강림날 예루살렘의 그 교회는 세계교회로서 **그리고** 동시에 구체적인 개별교회로서 나타났던 것이다. 교회가 어디까지나 **하나**의 지역교회 안에서 — 그리고 계속되는 역사적 과정을 거치며 **많은** 지역교회들 안에서 — 나타난다는 사실은, 그러므로 개별교회들에 대한 세계교회의 신학적·역사적 우위성의 증거가 결코 아니며, 단지 여타 지역교회들에 대한 예루살렘 모교회의 신학적·역사적 우위성을 입증해 줄 따름이다.

덧붙여 말하면, 이 문서의 사고 과정과 언어는 레오 대교황(5세기) 과 그레고리오 개혁(11세기)의 교회론들을 매우 많이 상기시킨다. 그 교회론들은 — 교회에 가져다준 온갖 좋은 점에도 불구하고 — 어쨌든 지나치게 재치권적·중앙집권주의적으로 꼴지어진 2천년기紀 교회상의 단초가 되었다. 이 문서는 레오나 그레고리오가 여타 지역교회들과 관련하여 **로마** 교회에 부여했던 몇 가지 중요한 빈사賓辭를 넘겨받아 세계교회에 적용하고 있다. 즉, 세계교회는 교회들의 어머니, 머리, 축점軸點, 원천, 근원 그리고 토대라는 것이다. 이러한 맥락에서 문서의 12항은 교회들의 몸이라는 관념은 "하나의 교회가 교회들의 머리일 것을 **요구**하는 바, 그것은 바로 '전세계적인 사랑의 공동체'를 책임지고 있는 로마 교회이다"라고 단호히 주장하고 있는데, 여기서는 중세의 교황 중심의 재치권 교회론이 경사스런 부활을 축하하고 있다는 인상을 받지 않을 수가 없다. 이러한 교회론에 친교라는 말을 끌어다 붙인다는 것은 명백한 위장이요 사람들을 오도하는 짓이다. 세계교회는 개별교회들의 어머니요 원천이어야 하고(9항), 또 로마 교회 — "주교단뿐 아니라 전체교회의 일치를 위한 영속적인 가시적 원리요 토대"(12항. 「교회헌장」 23항을 참조했음)인 베드로의 후계자를 통해 바로 세계교회와 개별교회들의 일치의 근거가 되는 — 는 교회들의 머리로 지칭되어야 한다(12항)는 이 문서의 입장은, 여타 개별교회들에 대한 로마 교회의 일방적으로 우월한 관계에 대한 최근의 주장과 그리 먼 것이 아니다.

쌍방적인 교회 실존의 관점에서 세계교회와 개별교회들 사이의 교호적이고 동일 원천적인 관계를 보존하기 위해서는, 그러므로 결국은 우월한 원천적 관계에 대한 온갖 주장들을 포기해야 한다. 세계교회는 개별교회들의 "소산"도 "어머니"도 아니며, 똑 마찬가지로 개별교회들의 친교도 세계교회의 "창시자"나 "딸들"(결실)로 간주될 수 없다. 교회의 두 가지 (자기) 성취 방식은 오직 함께 그리고 서로의 안에서만 실현된다. 원천적으로 하나가 다른 하나를 자기 "밖으로" 내치지 못한다. 그러므로 "세계교회는 개별교회들 **안에서** 그리고 개별교회들**로부터** 존립한다"(「교회헌장」 23항)라는 공의회의 정식은 "개별교회들은 세계교회 안에서 그리고 세계교회로부터 존립한다"라는 신앙교리성 문서의 정식에 의해 보완될 건덕지가 없다. "안에서"라는 말은 양쪽에서 같은 의미(바로 "상호적인 본질"의 뜻)를 가지나, "로부터"는 서로 전혀 다른 것을 의미하고 있다. 공의회 정식에서 관건이 되는 것은, 하나의 전체교회가 자신의 많은 개별적 "부분들"(지역들) "안에서 그리고 그것들로부터" **존재한다**는 점이다. 반면 신앙교리성 문서의 정식에서는 개별교회들이 세계교회 "로부터" **생겨난다**는 점이 암시되어 있다(그러니까 당연히 부수적일 수밖에 없다). 그러나 이러한 생각은 단호히 배척해야 하니, 그 안에 담겨 있는 개념 혼합이 의심스럽기 때문이다.

교회의 **두 가지** 성취 방식은 "동일 원천적으로" 자신들의 초역사적 근원은 삼위일체 하느님의 구원의지 안에 가지고, 역사 내적 근원은 성령강림을 체험한 예루살렘의 하느님 백성의 모임 안에 가진다. 예루살렘의 이러한 신학적·역사적으로 유일회적인 역할이 — 암시적일지라도 — 교회들의 친교(공동체) 내부에서의 로마의 역할과 혼동되어서는 결코 안된다. 교회정치적 동기에서 비롯된 중세 교회론의 이러한 오류는 제2차 바티칸 공의회에 의해 결정적으로 배척되었다. 그럼에도 불구하고 중앙집권적인 교회정치에 봉사하는 교회론을 지금 또다시 내세우겠다고?

3. 바티칸의 논평(1993)

방금 말한 내용 가운데 많은 부분은 — 짐작건대 신앙교리성의 그 문서에 대한 지역교회들의 반응으로서 매우 꼼꼼히 로마에 보고되었으리라 —. 만일 그 문서 발표 1주년을 맞아 1993년 6월 23일 교황청 기관지「오세르바토레 로마노」에 실린 (필자가 밝혀져 있지 않은) 논평[60]이 그 문서에 대한 일종의 "철회"였다면, 쓸데없는 것이 되었으리라. 그러나 그 논평이, 비록 우리가 비판한 주장들을 어쨌든 꽤 상대화하거나 혹은 완전히 변경한 몇 가지 **해명**을 담고 있기는 하지만, 그 문서에 대한 사실상의 철회인지는 전혀 확실하지 않다.

아무튼 그 논평은 우선 — 다행스러운 일이거니와 — "상호적 본질"이라는 단어가 문서 전체의 "해석학적 열쇠 개념"(407쪽)임을 뚜렷이 밝히고 있다. 이 개념을 통해 바로 세계교회와 개별교회들의 관계의 유일무이성과 비교 불가능성을 강조해야 한다는 것이다. 그러므로 우리는 이 해석학적 반성의 다음과 같은 첫번째 결론에도 전적으로 동의할 수 있다. "개개의 부분교회는, 비록 전체교회는 아니지만, 진실로 교회이다. 동시에 전체교회는 부분교회들의 공동체와 구별되지 않는다. 그러나 그렇다고 해서 단순히 부분교회들의 연합인 것만도 아니다"(상동).

만일 논평이 신앙교리성의 문서는 "세계교회 안에서 그리고 세계교회로부터 존립하는 교회들"이라는 자신의 정식으로 "개별교회들

---

[60] 여기서는 독일어판 텍스트를 인용하기로 한다. in: Herder-Korrespondenz 47 (1993) 406-11쪽. 특히 우리의 주요 관심사인 "전체교회와 부분교회들"에 관한 부분 참조.

안에서 그리고 개별교회들로부터 존립하는 세계교회"라는 공의회의 정식을 **계속 발전**시키고자 했었다고 말한다면, 물론 그것은 나의 의심을 새로이 불러일으킬 것이다. 그 문서의 정식은 지금도 나에게는 명백한 **역행**으로 생각되며, 따라서 반드시 배척되어야 한다.

그러면 논평은 그 정식을, 그것이 야기한 비판적 물음들에 맞서 과연 어떻게 설명하고 있는가? 논평은 우선 그 문서의 인식을 지배하고 있는 관심사 — 즉, 세계교회를 개별교회들"로부터" 생겨나는 추가적인 결과와 산물로 간주하는 신학적 평가절하에 대한 배척 — 를 다시 한번 상기시킨다. 사실 신앙교리성 문서에서 무엇보다 중요했던 것은 바로 그 문제였고, 그 점에서는 그 문서에 전적으로 동의할 수 있다.

그러나 다음 단계에서 논평은 아니나 다를까 "모든 개개의 부분교회에 앞서는" 세계교회의 존재론적이고 시간적인 우위성에 관한 주장을 옹호하려고 시도한다. 논평은 지적하기를, 문서의 정식을 꼼꼼히 읽어보면 사실 모든 교회들의 공동체에 대한 우위성이 아니라 그저 모든 **개개의** 부분교회에 대한 우위성만 주장하고 있을 따름이라는 것이다. 만일 참으로 그것만을 의미했다면 — 문서 9항에서 계속되는 상론을 읽어보면 전혀 그렇지 않다 — 그 주장은 일종의 자명성을 지닌다. 왜냐하면 세계교회 자체는, 정의에 따르면, 개개의 개별교회 **자체** 이상의 것으로 간주되기 때문이다.

논평은 세계교회의 "존재론적 우위성"이란 고집스런 주장의 전거로 골로사이서 · 에페소서를 끌어대고 있으나, 사실 그 서간들은 단지 세계교회에 관해서만 이야기하고 있다. 사도행전과 바울로 서간들(로마서 · 고린토서 · 갈라디아서 · 필립비서 — 여기서는 세계교회와 지역교회들의 교호적 관계가 벌써 뚜렷이 드러나 있다)의 교회론이 별로 고려되지 않은 것은, 그 문서의 주된 관심사 때문이라고 하겠다.

논평은 "존재론적이고 시간적인 우위성"을 이제 흥미롭고 자극적인 고찰을 통해 입증하려 시도한다.

우위성을 보유한 교회는 단연코 성령강림날에 세상에 드러난 "교회-비밀"Kirche-Geheimnis, 단일하고 유일한 교회다. 이 예루살렘 교회는 "장소적으로 제한되어" 나타났으나, 그럼에도 불구하고 오늘날 그 개념에 부여되는 의미에서의 하나의 지역교회(혹은 부분교회)가 아니었다. 예루살렘 교회는 그러니까 "하느님 백성의 한 부분"(『주교교령』 11항 참조), 우리 문서에서 말하는 "유일한 부분교회"가 아니라 "하느님 백성", "전체교회"였으며, 모든 언어를 말하고 이런 의미에서 모든 부분교회들의 어머니 교회였다. 이 부분교회들은 사도들 덕택에 마치 딸들처럼 어머니 교회로부터 태어났다. …

    그 문서에서 말하고 있는 전체교회는 성령강림의 사건을 체험한 예루살렘 교회다. 그때 거기에 120명의 사람이 모였었다는 사실보다 더 구체적이고 장소적으로 정확한 것은 과연 아무것도 없다. 이 120명의 유일회적인 본원성과 비밀의 본질은 그들을 교회로 만든 교회적 구조가 전체교회의 구조였다는 사실에 있다. 그때 그곳에 12사도가 그들의 우두머리 베드로와 함께 있었으며, 그들과 함께한 공동체 안에서 우리는 온전한 교회를 발견한다. 이 교회는 성장했고 ― 우선 5천 명으로 늘어났다 ― 교회의 일치와 보편성의 순간에 모든 언어를 말했으며, 전적으로 한 지역에 제한되어 있었지만 성령강림을 체험한 교회로서 결코 오늘날의 의미에서의 하나의 "개별적인 지역교회"가 아니었다. 성령강림 때에는 전체교회와 부분교회의 "상호적인 본질"이 존재하지 않았다. 왜냐하면 아직 이 두 차원이 서로 구별되지 않았기 때문이다. 오히려 그리스도론적인 "단 한 번"(히브 7,27 참조), 그리스도의 신비한 몸 자체인 교회의 종말론적 선취先取가 중요한 문제였다. …

반복될 수 없는 자신의 유일회성에도 불구하고 성령강림날에 세상에 선포된 교회는, 요컨대 그야말로 그리스도의 교회다. 그 교회를 우리는 그것의 네 가지 특성과 함께 신경 안에서 고백하며, 그래서 그 교회는 모든 시대에 전체교회 — "교회들의 친교(공동체)"라는 의미에서 — 와 "교회의 시간" 안에 존재하는 부분교회들의 원근원元根源으로 남아 있다(407쪽).

교회에 대한 이러한 견해에는 나도 대체로 동의할 수 있다. 고집스레 주장된 "우위성"은 오직 교회라는 "신비"에만 귀속되어야 마땅하다. 이 교회는 하나요 거룩하고 보편적이며 사도들로부터 이어오는 그리스도의 교회로서 역사 내적으로는 예루살렘 원공동체 안에서 원천적으로 구현되었던 바, 어디까지나 세계교회요 동시에 지역교회(특별한 의미에서)로서 구현되었던 것이다. 예루살렘 지역교회는 세계교회**이다**. 거꾸로도 마찬가지다. **예루살렘 교회로부터** 역사적으로 계속 발전해가는 전체교회(교회들의 공동체로서)의 형태와 개별적인 교회들이 유래했다. 이로써 (역사적으로 존재하는) 세계교회와 개별교회들의 "동일 원천성"은 교회라는 **신비** 안에, **그리고** 두 가지 교회 형태가 그리로부터 유래한 예루살렘 원공동체 안에서의 그 신비의 유일회적인 **구현** 안에 터하고 있다는 사실이 언명된 셈이다. **이것이** 역사적으로 존재하는 세계교회와 개별교회들이 영구적인 "원근원"(408쪽)이다.

세계교회와 개별교회들의 관계에 대한 이러한 설명이 신앙교리성 문서의 견해를 좀더 그럴싸하게 해석한 것인지 아니면 그것과는 상당히 다른 이론인지는 독자들 각자가 판단할 일이다. 아무튼 이제는 예루살렘을 간과하는 세계교회와 개별교회들의 역사 내적인 원천적 관계는 결코 주장할 수 없으며, 이로써 그런 주장과 결부된, 많은 교회들에 대한 한 교회의 "우위성" 또한 당연히 헛것이 되었다. 예루살렘은 예루살렘으로 남아 있다. 로마 역시 1세기 이래 교회들의 친교 **내부에서** 정당한 권리에 터해 그러했던 그대로 남아 있을 수 있고 또 남아 있어야 한다. 곧, 그 이상도 이하도 아닌 효과적인 "일치의 중심"으로 말이다.

제 3 부

전망과 예측

제3부에서 무엇보다 중요한 문제는, 어떻게 하면 우리가 교회의 현재 상황을 그럴싸하게 얼버무리지 않고 **도전**과 **기회**로서 — 그러니까 하느님이 우리에게 "너무나 많은 것을 요구"하시는 상황으로서, 또 그렇기 때문에 체념 속에서 그저 견뎌내기만 해서는 결코 안되고 오히려 그분 영의 현존을 신뢰하면서 창조적으로 극복해야만 하는 상황으로서 — 포착할 수 있는지를 분명히 가르쳐 주는 구체적 방법들을 제시하는 것이다. 그것을 위해서는 교회에 대한 우리 내면 깊은 곳의 **영성적** 근본 관점이 매우 중요하다(제1장). 오직 그러한 바탕 위에서만 **구조적** 고찰들(제2장)은 교회가 자신 안에서 역사하시는 성령의 항구적인 권능을 증언할 뿐 아니라 "시대의 징표"에 더 적절히 부응하는 새로운 사회적 형태를 찾아내는 데 기여할 수 있다.

제1장

교회의 영성적 차원 되찾기

우리는 제1부와 제2부에서 일반 사회와 교회 영역에서 교회를 "관청 교회"로 간주하는 매우 "탈脫영성화된" 견해가 어떻게 생겨났는지를 살펴보았다. 언제나 절박한 물음: 어떻게 하면 교회의 영성적 차원을, 특히 적극적 그리스도인들의 현실적 교회체험 안에 다시금 통합시켜, 개인적인 신앙의 실천과 교회적인 신앙 공동체 사이의 갈릴 수 없는 결합을 생생히 살아내고 체험할 수 있을까?[61] **교회에 대한 깊은 영적 체험** — 신앙의 정서적 심층에까지 다다르며, 교회라는 "현상"을 그 온갖 아름다움·추함과 함께 하느님께 대한 인간의 믿고 바라고 사랑하는 관계 안으로 받아들이는 체험 — 없이는, 교회에 대한 온갖 이야기와 교회 안에서의 온갖 행동도 결국 치유하고 쇄신하는 결실은 아무것도 거두지 못하는 헛일로 그치고 만다.

---

[61] H. U. v. Balthasar, Kirchenerfahrung dieser Zeit, in: Sentire Ecclesiam. Das Bewußtsein von der Kirche als gestaltende Kraft der Frömmigkeit (FS H. Rahner), hg. v. J. Daniélou u. H. Vorgrimler, Freiburg 1961, 743-68쪽; K. Rahner, Dogmatische Randbemerkungen zur "Kirchenfrömmigkeit", 같은 책 769-93쪽(Schriften zur Theologie Bd. 5, Einsiedeln-Zürich-Köln ³1968, 379-410쪽에도 실렸음); H. Fries, Der Sinn von Kirche im Verständnis des heutigen Christentums, in: Handbuch der Fundamentaltheologie, Bd. 3, Freiburg 1986, 17-29쪽; M. Kehl, Kirchenerfahrungen, in: Stimmen der Zeit 208 (1990) 435-46쪽; 같은 저자, Die Kirche, 23-38쪽 참조.

1. 영적 교회체험의 모델들

첫 단계로 교회체험의 (이념형적) 모델 세 가지를 소개하기로 한다. 이 모델들은 신앙의 역사에서 서로 전혀 다른 시기에 생겨났지만, 오늘날에도 여전히 — 서로 대립되거나 혼합되는 가운데 — 교회의 구체적인 삶이나 행동에 있어서 특정한 선택들을 위한 포괄적이고 영성적인 지평을 제공하고 있다. 이러한 영성적인 근본 관점들에 대한 올바른 이해는, 온갖 구체적인 논쟁점들에도 불구하고, 서로에게서 교회에 대한 공통된 사랑을 알아보고 또 시인하는 것을 도와 줌으로써, 필경 교회 내의 의사소통에 기여할 수 있을 것이다.

ㄱ. 동일시 대상으로서의 교회

① 규정적 교회상: 그리스도의 상대자 "여인"으로서의 교회

교부들의 신학에서, 그리고 고高중세의 신비주의에서도 교회가 신학적 성찰이나 논구보다는 주로 영성적 관상觀想의 대상이었음은 주지의 사실이다. 유형론적이고 우의Allegorie적인 성서 주석의 도움으로, 신·구약 성서의 매우 많은 상징어들(포도밭·포도나무 줄기·양 우리·산 위의 도시·방주·폭풍우 몰아치는 바다 위의 배 등)이 교회와 교회의 그리스도에 대한 관계와 관련하여 해석되었다.[62]

---

[62] 특히 H. Rahner, Symbole der Kirche. Die Ekklesiologie der Väter, Salzburg 1964; H. U. v. Balthasar, Sentire ecclesiam; 같은 저자, Sponsa Verbi. Skizzen zur Theologie II, Einsiedeln 1961; H. de Lubac, Die Kirche. Eine Betrachtung, Einsiedeln 1968; G. v. Le Fort, Hymnen an die Kirche, München ²²1990; J. Werbick, Kirche. Ein ekklesiologischer Entwurf für Studium und Praxis, Freiburg 1994 참조.

그런데 교회에 대한 이러한 관상의 가장 중요한 상징들로는, 뭐니 뭐니 해도 "교회"ecclesia를 어떻게 해서든지 인간으로 — 더 구체적으로는 자신의 남성 상대인 하느님 내지 예수 그리스도와 인격적 관계를 맺고 있는 "여인"으로 — 해석하는 **인간적** 표현들이, 성체성사적으로 해석된 그리스도의 몸 개념과 함께, 매우 일찍부터 두드러지게 부각되었다. 사람들은 구약성서의 아가雅歌, 신·구약 성서의 여인상들, 야훼 하느님과 이스라엘의 관계에 대한 예언서 본문들 그리고 신약성서의 특정 구절들[63]에서 영감을 받아 교회를 상징적으로 의인화했으니, 곧 사회적 차원 안으로 확장된 인간, 특히 "처녀", "신부", "아내" 그리고 "어머니"로 해석했다.

"처녀"는 하느님께 대한 교회의 일편단심 신앙과 순종에의 기꺼운 각오를 상징한다. 하느님에 의해 처녀(교회)는 — 그리고 그녀 안에서 생명에로 부름받은 예수 그리스도의 모든 형제자매들도 함께 — 성령의 능력 안에서 언제나 새로이 "아들", 곧 하느님의 말씀과 은총을 잉태한다. 그녀는 "어머니"로서 "아들"을 낳고, 인간이 되신 하느님의 사랑을, 특히 성사들을 통해 언제나 새로이 이 세상에 드러내 보여주며, 또한 "둘째 하와"요 "모든 인간의 어머니"로서 신앙인들로 하여금 그리스도 안의 이 새로운 생명에 참여하도록 해준다. "신부"요 "아내"로서 그녀는 마침내 "한 몸"(에페 5,31 이하)과 "한 영"(1고린 6,17)으로 결합된 갈릴 수 없는 부부의 사랑으로 그리스도에게 충실히 머문다. 자녀의 지위뿐 아니라 바로 결혼도 인류와 하느님의 관계를 표현하는 신비주의의 전형적 상징이 되었던 바, 그 관계는 교회와 그리스도의 관계 안에서 구체화된다.

그리스도와 교회의 이러한 인격적 결합이 그 둘 사이의 영구적인 상이성을 폐기하는 것은 결코 아니다. 그리스도와 교회의 동등시는

---

[63] 요한 1,12 이하; 1고린 6,12-20; 갈라 4,21-31; 에페 5,21-32; 묵시 12,1-6; 19,7; 21,2.9; 22,17.

상징적 해석에서 의식적으로 배척되고 있다. 오히려 그 반대이다. 교회는 심지어 "창녀"의 부정不貞에 이르기까지 타락할 수도 있다 — 야훼께 대한 이스라엘의 불충과 유사하게(호세 2,4 - 3,5: 9,1 이하 참조). 물론 교회는 온갖 죄와 배신에도 불구하고 그래도 어쨌든 언제나 "순결한 창녀"로 남아 있다. 왜냐하면 그리스도께서 그녀를 깨지지 않는 사랑으로 사랑하고 거룩하게 만들기 때문이다(에페 5,25 이하 참조).[64] 이스라엘의 경우와는 달리, 교회의 신비는 인간의 죄과 때문에 추악하게 흐려질 수는 있지만, 그럼에도 불구하고 결코 파괴되지는 않는다. 하느님 백성은 자신의 중심인 그리스도 안에서 영원히 받아들인 하느님의 사랑 때문에, 결코 "내 백성이 아닌"(호세 1,9) 존재가 되지는 않는다.

이러한 상징적 해석은 교부신학과 신비주의가 무수한 이형변체異形變體를 통해 널리 보급했다. 그 결과 예를 들어 요즈음의 가극 「아씨시의 프란치스코」(Peter Janssens와 Wilhelm Willms 작)도 프란치스코가 교황 인노첸스 3세 앞에서 너절하게 타락한 "교회"에 대한 사랑의 노래를 부르는 인상적인 장면을 담고 있다. 그러나 일반적으로 젊은 세대에게는 이러한 교회 영성에의 접근이 매우 힘들다고 할 수 있다. 그렇지만 중·노년층에게는 — 그들이 공의회 이전 1960년대 초반에 이르기까지의 여러 가지 쇄신 운동(청소년 운동, 전례 운동, 성서읽기 운동 등)에 큰 영향을 받은 경우 — 이러한 영성이 교회에 대한 그들의 영성적·정서적 관계의 결정적인 바탕이다. 무엇보다도 공의회의 교회 쇄신을 준비하고 고무했던 우리 세기의 위대한 (특히 프랑스어권의) 신학자들(예를 들어 Henri de Lubac, Jean Daniélou, Pierre Teilhard de Chardin, Louis Bouyer, Yves Congar, Pierre Thomas Camelot, Romano Guardini, Hugo und Karl Rahner, Hans Urs von Balthasar 등)은 교부신학과 그들의 교회상

---

[64] H. U. v. Balthasar, Sponsa Verbi, 203-305쪽 참조.

의 재발견에서 영성적이고 신학적인 자양분을 얻어 살아갔거니와, 그 교회상은 바로 **인격적**인 "교회"ecclesia와 **사회적**인 "친교"communio를 결합시킬 수 있었던 것이다. 칼 라너는 이러한 신비적인 교회체험의 아름다운 예를 요한 복음 8장 1-11절을 유형학적으로 교회에 적용한 논문 「죄인들의 교회」(1947) 말미에서 제시하고 있다:

> 율사들과 바리사이들(이런 자들은 사실 교회뿐 아니라 어디에나, 온갖 변장을 하고 존재한다)은 언제나 다시금 "그 여인"을 주님 앞에 끌고올 것이다. 그러고는 은밀한 기쁨("이 여자가 ─ 하느님 감사합니다 ─ 아무렴 우리들보다 나을 수는 없지 …")을 만끽하며 고발할 것이다. "선생, 이 여자는 간음하다가 현장에서 붙잡혔소. 당신은 이 일에 대해 뭐라고 말하겠소?" 그 여인은 사실을 부인하지 못할 것이다. 그렇다. 그것은 지긋지긋한 짓이다. 그리고 사실 변명할 건덕지도 전혀 없다. 그녀는 자신의 죄들을 상기한다. 왜냐하면 그 죄들을 실제로 범했기 때문이다. 그리고 그녀는 그로 말미암아 자신의 거룩함의 숨겨진 영광과 드러난 영광을 잊어버리고 있다(자신을 비하하는 이 여인네가 어찌 그러지 않을 수 있겠는가!). 그래서 그녀는 부인하려고 하지 않는다. 그 여인은 죄인들의 가련한 교회다. 그녀의 겸비謙卑(이것이 없다면 그녀는 거룩하지 못하리라)는 그저 자신의 죄만 알 따름이다. 그녀는 자신이 내맡겨진 분 앞에 서 있다. 그녀를 사랑하는, 그녀를 거룩하게 만들기 위해 당신을 내어 준 분 앞에 서 있다. 고발자들보다도 그녀의 죄를 잘 알고 있는 분 앞에 서 있다. 그분은 그러나 침묵한다. 그녀의 죄를 세계 역사의 모래 땅 위에 쓴다. 그 역사는 곧 지워 없어져 버릴 것이다. 그녀의 죄와 함께. 그분의 한 순간 침묵이 우리에게는 수천 년으로 느껴진다. 그분은 다만 은총으로 용서를 베푸는 그 사랑의 침묵으로써 여인을 심판한다. 어느 세기에나 새로운 고발자들은 "그 여인" 옆에

서 있고, 또한 언제나 다시금 나이 든 이들부터 시작하여 한 사람씩 슬그머니 물러난다. 그 자신 죄 없는 자 하나도 없기에. 마침내 그 여인과 주님만 남게 될 것이다. 그때 그분은 몸을 일으키며 그 바람둥이 여인, 당신 신부를 바라보고 물으리라. "여인이여, 당신을 고발하던 사람들은 어디에 있소? 아무도 당신을 단죄하지 않았소?" 여인은 말할 수 없는 회한과 자기 비하 속에서 대답할 것이다. "아무도, 주님." 그러고는 아무도 자신을 단죄하지 않은 사실에 몹시 놀라고 당혹해할 것이다. 주님은 그 여인에게 다가가 말하리라. "나도 당신을 단죄하지 않겠소." 그러고는 그녀 이마에 입맞추고 속삭이리라. "나의 신부, 거룩한 교회여."[65]

② 영성적 주요 동기: 교회와의 동일시

이 교회상의 실존적 · 영성적 주요 관심사는 교회와의 가능한 한 완전한 동일시이다. 교회는 무엇보다도 그 죄스러움을 "지양"止揚하는 교회의 성성聖性 안에서 고찰되는데, 그 성성은 교회에 대한 그리스도의 사랑에 터하고 있다. 교회에 대한 우리의 사랑과 기쁨은 그리스도의 사랑에 의해 떠받쳐진다. 그리스도의 사랑은 개개인들로 하여금 교회와 자신을 온전히 동일시할 수 있게 해주고, 교회 안에서 비로소 자기 고유의 신앙적 정체성 ─ "교회의 숨"(Origenes)으로서의, 그리스도의 인격적 상대인 교회라는 "형식" 안에 적절히 편입된 인간으로서의 정체성 ─ 을 발견할 수 있게 해준다. 개개인은 교회의 인격성에 참여하며, 그럼으로써 자신도 신앙 안에 존재하는 인격이 된다.[66] 이렇게 인격적으로 꼴지어진 교회에 대한 경건성은

---

[65] K. Rahner, Kirche der Sünder, in: Schriften zur Theologie, Bd. 6, Verlag Benziger (Patmos), Einsiedeln-Zürich-Köln ²1969, 319쪽.

[66] H. U. v. Balthasar, Sponsa Verbi, 174쪽; M. Kehl, Kirche als Institution, Frankfurt a.M. ²1978, 248쪽 이하 참조.

오늘날에도 여전히 많은 사람들(특히 수도회와 영성운동에 몸담고 있는)에게 영감과 활력을 불어넣어 준다. 그리하여 그들은 교회를 위해 모든 것을 기꺼이 희생할 준비가 되어 있으며, 교회의 결함과 탈선에도 불구하고 교회에 대한 그들의 사랑은 끝끝내 흔들리지 않는다. 교회에 대한 이러한 입장의 커다란 장점은 말할 것도 없이 사람들의 정서에 깊이 뿌리내린 교회와의 친밀한 관계에 있는 바, 이러한 관계는 오늘날 널리 일반화된 교회에 대해 지나치게 사회학적이고 전략적인 왈가왈부와 때때로 참으로 상쾌한 대조를 이룬다.

③ 위험성: 구조적 현실의 영성화

이 교회상은, 온갖 신비주의적 보화에도 불구하고, 아무래도 다음과 같은 위험성을 내포하고 있음을 부인할 수 없으니, 곧 여기서는 구체적으로 체험할 수 있는 교회라는 실재가 다른 모든 것들을 빛을 잃게 만드는 교회라는 "신비" 때문에 자칫하면 부차적인 것으로 평가절하되거나 무시될 수 있다는 것이다. 이러한 영성은 낡아버린 교회의 구조와 행동양식들의 개혁에 대한 비판적 요구를 흔히 외면적이고 비본질적이며 "불경건한" 일로 치부해 버린다. 이러한 태도의 근저에는 필경 일종의 "교회론적 단체질單體質주의"Monophysitismus가 자리잡고 있는 것 같다. 이것은 교회 내의 인간적인, 너무나 인간적인 면들이 교회 안에서 역사하시는 하느님의 영에 의해 "빨이먹히도록" 하여, 영적인 교회체험을 위해서는 사실상 아무 역할도 하지 못하게 만든다.[67] 이러한 영성에서는 신경의 "나는 하느님을 믿나이다"credo in Deum와 "나는 교회를 믿나이다"credo ecclesiam(즉,

---

[67] I. Fr. Görres가 나누어 놓은 교회체험도 참조할 것: "(교회의) 결함과 오점들은 과연 누구나 알고 있고 한탄할 만하며 지긋지긋한 것들이요. 따라서 더 이상 묘사할 가치도 없다. 그에 반해 (교회의) 영광은 눈부시고 매혹적이며 아무리 찬양해도 지나치지 않다." in: W. Dirks – E. Stammler (Hg.), Warum bleibe ich in der Kirche? München 1971, 59쪽에서 재인용.

교회 안에서 하느님의 영이 현존·역사하심을 믿는다는 뜻) 사이의 근본적 구별에 주목하기보다는, 교회가 그리스도의 성성과 영광(교회가 거의 굴절 없이 반사하는)에 참여한다는 점을 중요시한다.

이러한 영성화가 갈등의 소지를 많이 내포하고 있다는 사실은 오늘날 다음과 같은 경우에 특히 분명히 드러난다. 즉, 이러저러한 상징어들이 교회의 현실과 "두드러진 대조"를 이루는 것이 아니라, 오히려 거꾸로 방법론적 중재도 거치지 않고 (그러니까 그 단어들의 사회사적 배경에 대한 고려 없이) 교회적·구조적 현실에 우악스럽게 전용轉用되는 것이 그런 경우이다. 이런 전용에서는 예를 들면 여성이 성직에 임명될 수 없는 까닭을 다음과 같은 식으로 논증한다. 여성 안에는 다름아닌 받아들이는 존재인 교회가 — 내어주는 존재인 그리스도의 짝으로서 — 나타나 있으며, 그래서 만일 여성이 성직 보유자로서 그리스도처럼 행세한다면 그 상징적 해석은 파괴된다는 것이다.

이러한 논증이 설득력이 있는지 없는지의 문제는 그냥 놓아두기로 하자. 어쨌거나 받아들이는 (그러므로 또한 본디부터 순종하는) 존재인 여성으로서의 교회상은 일방적으로 남성적이고 영광스러운 "herr"-lich(남자답다는 의미가 있음 — 역자 주) 하느님상이나 그리스도상(아버지·전능자·하늘과 땅의 창조자요 지배자·주님·아들·왕·우두머리·재판관 등)과 짝자꿍이 잘 맞는다. 이러한 고래古來의 상징어들이 그 원천적인 의미 내용에 터해 그것을 의도하지는 않았다 하더라도, 실제에 있어서는 오늘에 이르기까지 교회사를 통해 여성에 대한 구조적인 평가절하("받아들이는" 존재로서 "능동적으로 내어주는" 남성에게 온전히 종속되고 또 그를 향해 질서지어져 있는 여성)에 기여해 왔다(이미 에페 5,22-23; 1고린 11,3.7-9 등에 이런 관점이 나타나 있다). 만일 교회에 대한 상징적 해석이 남성중심적인 하느님상·그리스도상·인간상의 그러한 특성들로부터 해방될 수 있고, 또 결혼이라는 상징이 무엇보다도 친구관계(요한 15,15: "나는 여러분을 더 이상 종이라 부르지 않고 친구라고 부르겠습니다")라는 상징과 결합된다면, 상징적 해석은 오늘날에도 우리의 교회 영성을 매우 풍요롭게 만들어 줄 수 있을 것이다(예를 들어 "여자 친구", "누이", "여자 길동무" 등으로서의 교회).

지금까지 영적 교회체험의 첫번째 모델에 관해 살펴보았다. 오늘날 교회 안의 영성적·교회론적 "전망"을 심히 망쳐놓은 것은 — 특히 교회의 주요 직무 보유자들에게서 나타나고 있거니와 — 이 첫번째 교회상과 이제 소개할 두번째 교회상과의 기묘한 결합이다(교부신학적 원천에 따르면, 본디 첫번째 교회상은 두번째 교회상보다는 세번째 교회상과 가깝다).

ㄴ. 피난처로서의 교회

중세 후기 황제와 교황의 투쟁의 와중에 그때까지 당연한 것으로 간주되던, 예수 그리스도와의 사랑의 관계라는 신비로서의 교회에 대한 체험을 점차 신앙인들에게서 찾아보기 힘들게 되었다. 구조나 권력과 관련된 문제들은 교회에 대한 영성적·신비적 관점과 교의적·구조적·법률적 관점간의 균열을 초래했고, 오늘날에도 우리는 그 결과로 인해 고통을 겪고 있다. 그러한 균열이 종교개혁으로 인한 현실적 교회일치의 파괴를 야기하고, 또한 교리상의 교회의 본질과 실체로 체험되는 교회의 모습 사이의 신학적 분리로 귀결되었을 때, 반反종교개혁 운동으로부터 일종의 새로운 가톨릭적 교회 신심이 생겨났는데, 이것은 무엇보다도 교회의 구조적 측면을 좀 억지스럽게 영성적으로 뒷받침해 주려고 시도했다. 제2차 바티칸 공의회에 이르러서야 이 교회상의 일방성을 근본적으로 상대화시킬 수 있었다. 그러나 공의회 이후의 많은 격렬한 논쟁은 이 교회상이 교회의 생각과 행동에서 자신의 영향력을 다시금 현저히 강화해 가고 있다는 사실을 분명히 보여준다.

① 규정적 교회상: 자족적인 구원 중개자로서의 교회

이 교회체험에서는 교회의 교계제도적·성사적 구조가 전면에 부각된다. 교회는 하느님이 모든 필요불가결한 "구원의 수단들"(특히 교회의 직무와 성사들)을 갖추어 주신 완전한 "구원기관"으로 인정·숭상된다. 무도無道하다고 간주된 근·현대 역사와 민주사회 그리고 그리스도교의 결함있는 형태로 판정된 다른 종파들에 대한 단호하고 자기방어적인 배척이 근대가 시작된 이래 가톨릭 교회의 현실적 진로를 결정했다. 그리스도에 의해 창립되고 견실히 안배되며 자신 안에 완결된 자족적인 가톨릭 교회가 교계제도를 통해 자신의 구성원들에게 초자연적 구원을 전달한다는 것이다.

교회는 근대적 민족국가들과 뚜렷한 경계를 설정하면서도, 자신을 위해 그 국가들이 지니고 있던 독립된 주권사회라는 자기이해는 넘겨받았는데, 교회에서 이 주권의 궁극적 주체는 물론 백성이 아니라 교황과 그를 정점으로 하는 교계제도이다. 그러므로 "가톨릭 교회 – 근대세계"라는 대외적 관계의 이원론적 관점은 교회 안에서 성직자단과 평신도를 신학적·실제적으로 엄격히 구분하는 것과 짝자꿍이 잘 맞는다. 평신도들은 무엇보다도 성직자들이 관장하는 구원의 조건들 그리고 — 다시금 성직자들 주도하의 — 그 조건들의 갖가지 세속 영역에의 적용을 순종하며 받아들일 의무가 있다.

② 영성적 주요 동기: 안전감과 순종을 통한 통합

교회에 대한 이 관점의 특별한 존재론적 관심사는 통합이다. 교회는 무엇보다도 일치, 확실성, 안전함을 제공해야 한다. 근·현대 다원사회의 죄스러운 혼란과 불안스러운 다양성 한가운데서 교회는

― 상징적으로 말한다면 ― "견고한 성채", "영광으로 가득 찬 집", "날뛰는 파도 속의 굳건한 바위", "영원의 표지"로서 동경과 갈구의 대상이다. 교회는 덧없고 적대적인 세상에 맞서 하느님의 불멸성, 강력함, 권능을 반사해야 한다. 그것을 위해 교회는 견고한 구조와 법규범, 엄격한 질서, 명확한 복종관계 그리고 교회생활에 있어서의 광범위한 획일성을 필요로 한다. 이러한 것들과 흔히 결부되는 하느님상은 하느님을 ― 시편의 언어로 말한다면 ― "나를 구원하시는 돌, 피할 바위, 견고한 성채"(시편 31,2), "나의 방패, 안전한 구원, 피난처"(시편 18), 또는 모든 것을 지배하고 주재하시는 전능하신 아버지로 인식한다.

이러한 교회 신심이 두드러지게 내세우는 상징적 인물은 마리아와 교황이다. 마리아는 하느님께 보호처를 마련해 주신 어머니요 신앙인들의 어머니이며 "교회의 어머니"로 불리어진다. 마리아를 교회의 "흠 없는 씨"(H. U. v. Balthasar) 혹은 "원형"(O. Semmelroth)으로 교회 안에 통합시키는 것을 넘어, 아예 교회 위에 놓으려는 경향도 자주 나타난다. 교황도 그와 유사한 순박한 호의 안에서 "거룩한 아버지"로서 ― 즉, 하느님의 목자다운 보살핌과 보호하는 권능의 상징으로서 ― 존숭된다.

이러한 영적 교회체험의 예로서 가톨릭 여류시인 게르트루드 폰 르 포르트가 1924년에 펴낸 「교회에의 송가頌歌」 가운데 문학적이고 영성적으로 수준높은 시 한 편을 인용해도 좋을 것 같다. 1876년 위그노파 개신교 가정에서 태어나 트륄취Ernst Troeltsch의 제자로서 개신교 자유주의 안에서 성장했던 그녀는 1925년 로마에서 가톨릭으로 개종했다. 「교회에의 송가」는 개종 1년 전에 이미 출판되었는데, 특히 모든 것을 상대화하는 현대 역사주의와 맞선 로마 교회의 세상을 초월한 영원한 모습에 매혹된 감동을 시편과 니체의 "짜라투스트라"에서 영감을 받은 언어로 표현하고 있다. 1960년대 초까지 가톨릭 교회 내에서 강력한 사조를 형성했던 교회 의식意識을 뚜렷이 표현하고 또 꼴지어준 이 송가집은, 지금도 교회에 관한 가장 감동적인 영적 독서물들 가운데 하나로 꼽힌다. 여기서는 제2부("교회의 거룩함")의 네번째 송가를 골라보자:[68]

> 그대를 섬기는 자들 해지지 않는 예복을 입었고, 그대의 목소리 청동의 종鐘이로세.
> 그대의 기도 천 년 묵은 떡갈나무 같고, 그대의 성가들 바다의 숨결 지녔네.
> 그대의 가르침은 난공불락의 산 위의 성채.
> 그대가 가납하는 서원들 시간이 멈출 때까지 울려퍼지고, 그대가 내리는 축복 하늘에 집을 짓네.
> 그대의 서품식들은 이마 위 숯불의 위대한 표지, 누구도 꺼버릴 수 없다네.
> 그대의 신실함 인간의 잣대로는 잴 수 없고, 그대의 세월은 조락의 가을을 알지 못하네.
> 그대는 소용돌이치는 잿더미 위의 꺼지지 않는 화염!
> 찢어할퀴는 물살 한가운데 우뚝 선 망루!
> 낮들이 소란을 피울 때 그대가 그토록 깊이 침묵함은, 밤이 오면 낮들은 필경 그대의 자비를 찾아들기 때문.
> 그대는 모든 무덤들 위에서 기도하네! 모든 정원에 꽃이 한창인 곳이 내일은 황무지 되고, 이른 아침에 한 민족 어울려 살던 곳에 밤에는 파멸이 둥지를 트네.
> 그대는 이 땅 위에서 영원의 유일한 표지, 그대에 의해 변화되지 않는 모든 것들, 죽음이 변화시키리!

---

[68] Gertrud von Le Fort, Hymnen an die Kirche, Ehrenwirth Verlag München ²²1990(zit ³1948, 28).

이 교회상은 특히 교회가 사회적 소수집단인 경우나 교회에 적대적인 정권에 의해 박해를 받는 상황에서 자신의 강점을 발휘한다. 즉, 신자들을 자체 안에 폐쇄된 비교적 동질적인 특수 문화 속에서 결합시키고, 그리하여 소위 전통적인 "신앙의 본체"를 외부로부터의 "완화"에서 보호한다. 그러한 사례로는 독일 가톨릭 교회가 비스마르크 치하의 문화투쟁 기간 그리고 나치의 독재 기간중에도 부분적으로 보여주었던 행태를 들 수 있다. 또한 40년 이상 공산주의가 지배했던 동유럽의 교회도 대체로 그와 비슷한 행동양식을 지니고 있었다. 이 교회상은 지난 세기 전반기 이래 계몽주의의 물음들로부터 신자들을 지켜주는 가톨릭 신앙생활 고유의 공간을 제공했던 "가톨릭 동아리들"의 교회상인데, 1960년대 중반 이래 걷잡을 수 없이 와해되어 가고 있으며, 1989년부터는 동유럽에서도 그러한 현상이 뚜렷이 나타나고 있다.

③ 위험성: 현대 문화와의 대화 불능

오늘날 이 영성은 상응하는 사회적 환경을 발견하지 못한 채, 특히 다음과 같은 무능력과 결함을 드러내고 있다. 즉, 다원적이고 크게 세속화된 사회에서 이 영성은 필연적으로 다른 세계관·종교·그리스도교 종파들과 진지한, 그러니까 자신도 배우고 변화할 수 있는 대화를 해나갈 수 없게 된다. 이 영성은 교회를 일종의 사회적 게토 안에 폐쇄하고, 전혀 부정적으로 평가된 근·현대의 발전 과정과 갈수록 멀어지게 만든다. 이 영성과 이것이 떠받치고 있는 교회론은 공의회로 인한 교회의 새출발을 감당해 내지 못하고 있는데 — 공의회 이래 교회는 자신을 (종말론적 하느님 나라, 그리고 세속 사회·종교·문화·무신론 등과의) "관계들 안에 있는 교회"로 이해하고 있다 —. 그 신학적 원인은 궁극적으로 신앙과 교회에 대한 **역사적** 이해의 결여에 있다고 말할 수 있다. 신앙과 교회는 물론 영원하고 변치 않는 하느님의 신실하심에 참여한다. 그러나 어디까지나 피조물적인 방식으로, 다시 말해 변화·위험·죄·모색·의문에 내맡겨진 채로 참여하는 것이다. 이 말은 교회의 직무 구조에도 똑 마찬가지로 통용된다!

ㄷ. 희망의 표지로서의 교회

① 규정적 교회상: 하느님 나라를 지향하는 장정長程 공동체로서의 교회

마지막에 언급한 바로 그 점에서, 지난 수세기간의 교회상의 일방성에 대한 제2차 바티칸 공의회의 근본적인 수정이 시작된다.

공의회로 말미암아 한편으로는 성서적·교부신학적 원천에 다시금 굳건히 뿌리내리고, 다른 한편으로는 동시에 현대세계 안의 교회 현실을 더 올바로 파악·대응하고자 하는 교회체험이 강력히 대두하게 되었다.

공의회 이후의 이러한 교회 영성은 특히 소위 제3세계 교회의 "바닥 공동체들"과 아프리카의 "작은 교회 공동체들", 그리고 전세계적인 몇몇 새로운 영적 운동들, 유럽 교회의 활기있는 단체들과 젊은이들, 수도회들, 또한 신학적이고 영성적인 많은 출판물 안에서 갈수록 힘차게 나타나고 있다. 이 교회 영성에서 무엇보다도 중요한 것은 "친교"로서의 교회, "신앙 안에서의 공동체"로서의 교회에 대한 체험이다. 여기서는 이 영적 교회체험의 내용적 특징 세 가지를 강조해 두어야 하겠다.

a) **순례하는 "하느님 백성"**으로서의 교회는 "하느님이 사랑하시는"(루가 2.14) 다른 모든 인간들과 함께 약속된 하느님 나라를 향해 가는 도정에 있는 형제자매들의 공동체이다. 거대한 인류 가족 가운데에서 인류 가족과 함께하는 희망의 장정 공동체로서 존재하는

것은 많은 신앙인들로 하여금 언제나 교회로 말미암은 고통보다 교회에 대한 기쁨을 더 강렬히 느끼도록 해준다.[69] 그러나 여기에는 서로를 구별하는 윤곽선들이 지워져 "다른 것들 안으로" 자신이 해체되어 버릴 수 있는 **위험**도 분명히 존재한다. 그래서 특히 이 교회상에서는 하느님 나라로 향하는 모든 길을 통합하는 중심으로서 공동 성찬례의 중요한 의미가 부각된다. 왜냐하면 성찬례를 통해 교회는 언제나 새로이 "그리스도의 몸으로부터의 하느님 백성"[70]이 되기 때문이다.

b) 교회는 온갖 영역에서 **죄인들**의 공동체로 체험되는 바, 그들은 자신들의 결함과 과실로써 교회의 외관, 영적이고 인간적인 "수준", 주요 구조와 실천들을 꼴지우며, 이로써 성령의 역사로 말미암은 교회의 성성^{聖性}과 극명한 대조를 이룬다. 교회에 대한 이러한 체험이 겸손과 자기 비판 속에서 생생히 이루어진다면, 교회의 온갖 극단적이고 승리주의적인 자만심을 강력히 억제할 수 있을 것이다. 그러나 여기에도 물론 **위험**이 있으니, 교회의 죄스러움에 대한 생생한 의식은 자칫하면 자기 기만적이고 무자비한 병적 비판 욕구로 변질될 수가 있는 바, 그것은 — 그때그때 새로운 깃발 아래 — 기꺼이 "성결한 자들의 교회"를 세우고 싶어한다.

c) 남반구 대륙 교회들의 증대하는 중요성 덕분에, 오늘날 교회는 전세계적으로 **가난한 사람들과의 연대** 안에서 자신의 특별한 사명을 발견하고 또 살아내고 있다. "땅에 떨어져 죽는 밀알"을 본받아, 교회는 — 지역적으로 많은 차이가 있지만 — 우리의 역사와

---

[69] M. Kehl, Kirche für die anderen, in: Geist und Leben 49 (1976) 421-34; Bischof W. Kempf, Für euch und für alle. Fastenhirtenbrief 1981, Limburg 1981; W. Bühlmann, Wo der Glaube lebt, Freiburg 1980; 같은 저자, Weltkirche, Graz ³1988; J. Moltmann, Kirche in der Kraft des Geistes, München 1975; K. Rahner, Strukturwandel der Kirche als Aufgabe und Chance, Freiburg ³1973; L. Boff, Und die Kirche ist Volk geworden, Düsseldorf 1987 참조.

[70] J. Ratzinger, Das neue Volk Gottes, Düsseldorf ²1970.

오늘날의 불의한 세계·지역 정치의 수많은 희생자들의 운명에 갈수록 깊이 동참하고 있다. 함께 걸어가고 함께 고통당하는 "동정"同情을 통하여, 교회는 여러 곳에서 여러 형태로 가난한 사람들 가운데 그리고 가난한 사람들과 함께하는 교회로서, 아니 가난한 사람들 자신이 교회적 활동의 뚜렷한 주체가 되는 "가난한 사람들의 교회"로서 성숙하고 있다. 친교를 살아가는 이러한 방식이 전세계에 널리 퍼져가면 갈수록, 그만큼 더 교회는 서로 찢고 싸우는 인류 한 가운데서 "서로 함께 나눔의 상징"(떼제)이 된다. 이로써 교회는 오늘날 "구원의 보편적 성사"(「교회헌장」 48항), 곧 생명·평화·정의를 이룩하고자 하시는 하느님의 뜻과 그분 나라의 성사로서 존재해야 하는 자신의 사명을 가장 설득력있게 성취한다. 물론 여기에도 **위험**은 존재하니, 사회적·정치적 투신이 삼위일체 하느님께 대한 살아 있는 신앙 안에 전혀 통합되지 않고 독자적으로 수행될 수도 있다.

이 영성을 더 구체적으로 설명하기 위해, 1975년 독일연방공화국 전체 교구 시노드의 기본 문헌(「우리의 희망」)의 한 부분을 인용하자:

> 새로운 창조는 교회의 친교 안에 새싹의 모습으로 실현되어 있다. 우리의 이 교회는 희망의 공동체이다(갈라 6,15-16 참조). 그리고 우리가 그분의 구원 업적의 힘있는 현존을 "그분이 다시 오실 때까지" 함께 경축하는 주님에 대한 기념제는, 우리와 우리가 그 안에 살고 있는 이 세상에 우리의 유한성을 언제나 다시금 일깨워주는 위험한 기억이 되어야 한다. 교회는 그 자체가 하느님 나라는 아니다. 그러나 하느님 나라는 "신비에 싸여 교회 안에 이미 현존하고 있다"(「교회헌장」 3항). 그러므로 교회는 순전한 신념 공동체가 아니며, 미래지향적인 이익집단도 아니다. 교회는 예수 그리스도의 업적과 창립에 바탕을 두고 있다. 그분의 성령이 교회일치의 살아 있는 토대이다. 고양高揚되신 주님의 성령은 우리 확신의 가장 내밀한 근원이다. 우리

안에 계시는 그리스도는 영광에 대한 희망이시다(골로 1.27 참조). 그러므로 희망의 공동체인 우리 교회는 언제나 마음대로 처리될 수 있는 단체가 아니다. 교회는 그 친교의 형태에 있어 하나의 백성, 순례하는 하느님 백성이다. 이 백성은 자신의 역사를 인간과 함께하시는 하느님의 구원사로 서술하고, 또 이 역사를 예배를 통해 언제나 다시금 경축·기념하며 또 그것으로부터 힘을 얻어 살아감으로써 자신의 정체성을 발견하고 입증한다.

이 백성과 이 백성의 친교(공동체) 체험의 역동성은 물론 이 희망을 참으로 살아내느냐에 달려 있다. 사실 아무도 자기 혼자만을 위해 희망하지는 않는다. 우리가 고백하는 희망은 막연하고 불투명한 기대가 아니며, 타고난 존재 낙관주의도 아니다. 이 희망은 너무나 근원적이고 포괄적이기 때문에, 아무도 자기 혼자만을 위해 그리고 자기만을 염두에 두고 희망할 수는 없다. 만일 우리 자신만을 염두에 두고 희망한다면, 과연 그것이 궁극적으로 감상感傷, 가까스로 은폐한 절망 혹은 맹목적인 이기적 낙관주의 이상의 것일 수 있을까? 감히 하느님 나라를 희망한다는 것은, 언제나 다른 사람들을 염두에 두고 하느님 나라를 희망하는 것이며, 그 안에서 우리 자신을 위해 하느님 나라를 희망하는 것이다. 우리의 희망이 다른 사람들을 위해 함께 희망하는 곳, 우리의 희망이 문득 사랑과 친교의 형태와 운동으로 나타나는 곳에서야 비로소 그 희망은 편협하고 불안한 것이기를 그치며, 또한 우리의 이기주의를 헛되이 반영하기를 그만둔다. "우리가 알다시피 우리는 형제들을 사랑하기 때문에 죽음에서 생명으로 옮겨간 것입니다. 사랑하지 않는 자는 죽음에 머물러 있습니다"(1요한 3.14).[71]

---

[71] Unsere Hoffnung. Ein Bekenntnis zum Glauben in dieser Zeit, in: Gemeinsame Synode der Bistümer in der Bundesrepublik Deutschland, Offizielle Gesamtausgabe, Bd. 1/Beschlüsse der Vollversammlung, Freiburg ⁷1989, 99쪽.

② 영성적 주요 동기: 안팎으로의 상호소통

　영적 교회체험의 첫번째 모델과는 달리, 여기서는 교회의 사회적 실재와 신학적 신비가 함께 고찰되고 있다. 하느님 자신이 성부와 성자가 공동의 성령 안에서 나누는 사랑의 "친교"로서 숭앙되기 때문에, 교회는 이 친교의 상징, "성사"로서 인식되는 것이다. 그러므로 눈에 보이는 (또한 사회학적으로 묘사될 수 있는) 교회의 현존양식은 그저 외면적이고 부차적인 것에 그칠 수가 없고, 오히려 교회의 이러한 신학적 의미내용을 표지적으로 드러내야만 한다. 따라서 교회의 내용과 형태는 서로 분리될 수 없는 하나의 통일체로 간주된다. 교회는 자신의 모든 영역에서 신앙의 "상호소통적"kommunikativ 생활 공간으로 구체화될 때에만, 신앙 안에서의 참된 친교Communio이다. 교회에 대한 이러한 관점을 특징짓는 것은, 친교신학과 상호소통적 생활양식의 조화에 대한 예민한 감수성이다.

　그러므로 오늘날 교회의 많은 주요 직권자들이 극복되었다고 믿어졌던 전형적인 권위주의적 행동양식에로 공공연히 복귀하는 바람에, 많은 그리스도인들이 고통을 당하고 비판을 하는 것은 충분히 이해할 만하다. 아무튼 공의회로 말미암은 새출발의 신빙성의 결정적 기준이 흔들리고 있다. 친교의 내용과 형태의 바람직한 일치를 더 훌륭히 실현하기 위해서는 — 두번째 모델의 경우와는 달리 — 기꺼이 준비가 되어 있고 또 능력있는 모든 그리스도인이 교회의 모든 삶의 실천과 결정 과정에 참여할 수 있는 법률적 장치가 필요하다. 왜냐하면 **모든** 신앙인들이 **교회의 연대적 주체**를 구성하기 때문이다. 이러한 영적 성향을 지닌 그리스도인들은 교회 직권자들의 교도 "대상"의 역할로는 더 이상 만족할 수도 없고 또 만족해서도 안된다.

---

[72] Taizé und das Konzil der Jugend. Vom ersten zum zweiten Brief an das Volk Gottes, Freiburg ⁴1979, 78쪽.

③ 이 교회 영성에 대한 단호한 선택

교회에 대한 이 세 가지 상이한 영적 체험과 선택은 그 신학적 내용 때문에 서로 화해 불가능한 대립을 해서는 결코 안된다. 물론 이것들이 서로 아무 관계없이 그저 병존하고 있는 것도 아니다. 아무튼 오늘날의 교회 상황은 영적 교회체험의 세번째 양식에 대한 단호한 선택을 요구한다고 나는 생각한다. 왜냐하면 공의회가 걷기 시작한 "상호소통하는" 교회의 길이야말로 해방하는 신앙의 기쁜 소식을 오늘날의 문화적 상황에 가장 훌륭히 중개할 수 있기 때문이다. 사실 **적극적 중개**라는 프로그램 안에 바로 우리 시대를 위한 새롭고 필수적이고 결정적인 제2차 바티칸 공의회의 신학적·사목적 근본 관심사가 있는 것이다. 다른 두 가지 영적 교회체험은 교회에 대한 이러한 새로운 영성적 관점에 개방적이고 또 그것에 의해 상대화되는 한에서만, 자신들의 타당성을 계속 보유한다. 그때에는 이 교회체험들도 **자신들** 고유의 관점과 또한 세번째 교회상이 내포하고 있을 수도 있는 일방성에 대한 **자신들** 나름의 수정을 풍부하게 제공할 수 있다. 사실 세번째 교회상은 본디부터 그때그때 다른 체험들의 도움으로 자신을 풍요롭게 만들고 확장하려는 의도를 지니고 있다. 이러한 일이 성공적으로 이루어지는 곳에는 이제 로제 슈츠Roger Schutz가 교회에 제기했던 물음, 대답하기 곤란한 한낱 수사학적 물음이 아니라 희망 — 물론 흔히는 "모든 희망을 거스르는" 희망 — 의 표현인 물음이 남는다:

> 교회, 당신은 그리스도 외에 다른 안전책을 가지고 있지 않은 "진복선언의 민중"이 될 것인가? 관상으로 살아가고 평화를 창출하는 민중, 인간을 위한 기쁨과 해방의 축제를 거행하는 가난한 민중 그리고 정의를 위해 박해받는 위험을 무릅쓰는 민중이 될 것인가?[72]

2. 현재 상황의 극복을 위해

어떻게 해야 이러한 교회 영성이 신앙인들의 머리뿐 아니라 가슴에도 "뿌리내릴" 수 있을까? 어떻게 해야 이러한 교회 영성이 개개인들로 하여금 오늘날의 심각한 교회 상황에 개방적이고 현실적으로 대응하여, 바로 그 상황 속에서 새로운 희망의 단초와 연결고리를 발견하도록 도울 수 있을까? 영성적인 것 안으로의 도피는 아무 도움이 되지 않는다. 영성적으로 깊이 뿌리내렸을 뿐 아니라, 동시에 경험적으로 "대지에 발을 디딘 희망"만이 지속적인 도움을 줄 수 있다. 갈수록 절실해지는 "타향살이"의 체험(문화적 발전 과정의 맥락에서뿐 아니라 흔히 교회 내부에서도 겪는)을 잘 극복하기 위해 우리에게 필요한 힘이 바로 그러한 희망이다. 오늘날의 상황에 창조적으로 대응하고 새로운 희망을 발견하기 위해 몇 가지 개인적 제안을 하고자 한다.

ㄱ. 요구된 것은 아주 당연히 행하기

우선 나는 울리히 루의 좋은 제의[73]를 받아들이고자 한다. 희망을 자라게 하는 것은, 어떻게 해서든지 실제적 효과를 거두려 하고 또 끊임없이 사람들의 새로운 욕구에 부응하려는 노력이 아니라, 우리 신앙의 중요한 실천들에 당연하고 충실하게 종사하는 일이다. 곧, 개인기도와 공동기도, 사람들에게 깊은 감명을 주게끔 구성된 예배(참석자가 갈수록 줄어들지언정), 개인적이고 공동적인 성서 읽기,

---

[73] Ulrich Ruh, Kein Grund zur Resignation, in: Herder-Korrespondenz 47 (1993) 1-3쪽: M. Kehl, Kirche in der Fremde, 516-9쪽 참조.

신앙을 이해하기 위한 대화, 딴마음 없는 이웃 사랑, 일상생활과 직업적 활동에 있어서 끊임없는 그리스도교적 동기 부여 등이 그런 일들이다.

> 그리스도인들은 무엇보다 먼저 신앙이 그들에게 요구하는 것을 가능한 한 당연하고 딴마음 없이 — 끊임없이 좌우를 살피거나 갈채를 기대하지 않고 — 행해야 한다는 인식은 신앙인들을 해방하고 그들의 짐을 덜어주는 작용을 할 수 있고 또 해야 한다. 그러한 인식은 눈에 보이는 성과를 거두지 못해 성급하게 체념하거나 효율적인 활동을 지나치게 강조하는 것에 대항하는 하나의 수단이다.[74]

나 개인적으로는 로마서 4장 16절 이하의 구절에서 자주 도움을 받고 있다. "아브라함은 우리 모두의 조상입니다. … 그는 죽은 자들을 살리시고 없는 것을 불러내시어 있는 것으로 만드시는 하느님을 믿었습니다. 그(백 살이 다 된 사람!)는 희망할 수 없는데도 희망을 잃지 않고 많은 민족들의 아버지가 될 것을 믿었습니다." 이 신앙의 선조 안에 이스라엘과 교회의 희망의 역사 전체가 체현(體現)되어 있는 듯이 보인다. 눈에 보이는 것 그리고 온갖 예측과 개연성을 끊임없이 거슬러 바라는 희망! 죽은 자들을 깨워 일으키시는 하느님, 당신 백성의 역사 안에서 사건들의 "정상적"인 흐름을 거듭 새삼 뜻모르게 "방해하고" 그리하여 말라 죽어버린 그루터기에서도 새로운 생명이 싹터 나오게 하실 수 있는 하느님께 대한 희망이 그것이다. 오늘날에는 그분의 교회가 그러한 희망을 지녀서는 안되는가? 우리는 그분이 그러한 일을 하실 수 있다고 참으로 믿고 있는가? "터무니없는" 신뢰의 마음·몸가짐이야말로 하느님이 이 시대에 우리에게 요구하시는 것이다.

---

[74] U. Ruh, 3쪽.

ㄴ. 하느님 나라에 비추어 교회를 상대화하기

나는 튀빙겐에서 어떤 강론중에 예수님의 산상설교에 나오는 유명한 구절을 재치있게 약간 고쳐 봉독하는 것을 들었다. "여러분은 먼저 하느님의 나라와 그분의 의로움을 찾으시오. 그러면 여러분은 다른 모든 것들도 — 교회 또한 — 곁들여 받게 될 것입니다"(마태 6,33 참조). 사실 교회는 하느님 나라에 곁들여지는 일종의 "부가물"이다! 우리가 특히 가난한 사람들 가운데에서 하느님의 평화·정의·생명이 꽃피도록 투신(여기에는 아주 많은 방법이 있다. 물론 제도 교회 밖에서도)하는 곳에서는 언제나 본래적 의미의 교회가 자라기 시작한다. 그곳에는 흔히는 아주 작고 초라하지만 생명과 희망으로 가득 찬 하느님 백성이 모여든다. 그리하여 거대한 교회에도 빛이 전해지고, 그로써 시간의 흐름과 더불어 거대한 교회의 대개는 너무나 경직된 구조들 안에도 필경 중요한 변화가 일어날 것이다.

교회를 하느님 나라에 비추어 상대화하는 데 성공할수록, 그만큼 교회 내적 상황이나 폐해에 지나치게 얽매이는 것에서 벗어나게 된다. 나 개인적으로는 "방주"(바니에Jean Vanier가 이끄는 정신장애인 공동체)로부터 구체적으로 그런 해방의 힘을 얻는다. 왜냐하면 모든 감각으로 인지해야 하는 이 하느님 나라의 상징은 언제나 내가 우리 교회의 상황에 대해 침착하고 냉정한 자세를 잃지 않도록 해주기 때문이다.

ㄷ. 세계교회를 염두에 두기

오늘날 어디에나 — 신앙과 교회 안에서도 — 조망할 수 있는 소규모 공동체들을 형성하려는 강력한 경향이 존재한다. 이것은 그 자체로 좋은 일이다. 교회는 그런 살아 있는 세포들이 신앙의 1차적인 생활 공간으로서 빈드시 필요하다. 그러나 이런 경향이 지나쳐서 교회의 초지역적·초국가적·전세계적 친교를 심히 약화시키고 간과하는 곳에서는 무엇보다도 가톨릭적인, 곧 전세계적인 교회 의식이 크게 와해된다. 오늘날 세계교회의 구체적 지배 구조가 많은 문제를 야기한다 할지라도, 우리는 그것 때문에 세계교회로서의 교회라는 원칙을 성급하게 포기해서는 안된다. 교회는 "공동체들의 친교"이며, 근본적으로 사사로운 작은 집단, 본당, 교구, 국가교회, 대륙교회, 세계교회간의 — 흔히 갈등 가득한 — 긴장관계로부터 힘을 얻어 살아간다. 이러한 긴장은 교회에 대한 우리의 시야가 한 지역에 제한되거나(이것이 바로 독일 교회가 직면하고 있는 가장 심각한 유혹들 가운데 하나다!), 또는 아예 국가교회주의로 전락하지 않도록 지켜준다(이 위험은 오늘날 특히 동유럽에서 다시금 아주 뚜렷이 드러나고 있다). 또한 동시에 이 긴장은 우리를 해방하여, 다양한 국가와 대륙교회들의 거대한 영적·문화적 보화들을 인지하고 또 기쁜 마음으로 그것들을 받아들여 우리 자신을 풍요롭게 만들고 확장토록 한다.

ㄹ. 교회를 관상하기

더 나아가 나는 나 자신을 위하여 옛날 교부들의 영성수련의 한 가지 방법을 다시금 찾아냈다. 교부들은 교회에 관해 반성·토론·논구했다기보다는 무엇보다도 관상(觀想)했다. 즉, 성서의 거의 모든 본문을 그리스도와 교회의 관계에 적용하여 상징적으로 해석·음미했다. 나도 요즈음 성서를 읽거나 고찰할 때, 교부들을 흉내내어 자주 이렇게 묻는다. 이 구절에도 교회가 등장하는가? 이 장면, 이 비유, 이 이야기, 이 훈계에는 어떤 모습의 교회가 숨어 있는가? 이렇게 하다 보니 시간이 흐름에 따라 갈수록 깊고 아름답고 풍요로운 교회의 가능성들을 발견하게 되는데, 이 가능성들은 나에게 교회의 "비밀"을 어느 정도 밝혀주며 또 그로써 교회의 현실과 더 용이하게 화해토록 해준다.

그런 "교회 관상"의 몇 가지 예: 마르티니 추기경은 일찍이 가나 혼인잔치 이야기(요한 2,1-11)를 오늘날 교회에 빗대어 매우 적절히 해석했다.[75] "그들에게 포도주가 다 떨어졌구나": 왜 오늘날 우리에게 포도주, 즉 "복음의 기쁨"이 그렇게도 빨리 동이나서, 교회가 혼사 모임이라기보다는 오히려 장사 집회라는 인상을 줄 때가 많은가? 우리의 많은 구조들은 가나의 빈 물항아리들처럼 이미 "돌처럼 굳어졌는가?" "**그가** 당신들에게 이르는 대로 하시오": 신앙으로 인한 기쁨의 불꽃은 우리가 예수, 곧 당신 창조물에 대한 하느님의 살이 되신 자비에 의지할 때에만, 우리가 그분이 증언하신 인간에 대한 하느님의 호의를 지금 여기서 온 마음으로 실천해 보일 때에만, 크게 타올라 지치고 무관심한 많은 사람들에게 번져나갈 수 있다.

나인의 과부 아들을 다시 살리신 이야기(루가 7,11-17): 교회는 "죽은" 자녀들을 애도하며 **울고 있다**(그들을 교회 밖으로 내치거나 포기하는 대신에). 이 울음에 마음이 움직인 예수는 또한 "죽은 자들"의 마음을 움직이시고, 교회의 "살아 있는" 구성원들과 "죽은" 구성원들 사이의 경계를 깨뜨리시며, 죽은 자들을 다시 살려 어머니에게 돌려주고 새로이 맡기시어, 어머니가 "자녀들"의 이 새로운 생명을 잘 지켜 멸망에 이르지 않도록 하신다.

회당에서 곱사등이 부인을 고쳐주신 이야기(루가 13,10-17): 교회는 도대체 어떤 "마귀들"에게 사로잡혀 있기에, 허리가 굽어 도무지 곧바로 펼 수가 없고 생기와 기쁨에 가득 차서 살아가지를 못하는가?

---

[75] Carlo M. Kardinal Martini, Was er euch sagt. Leben aus der Freude des Evangeliums, Freiburg 1989 참조.

교회는 예수가 부르시는 것을 더 이상 듣지 못하는가? 교회는 그분의 치유의 손길이 가까이 있음을 전혀 느끼지 못하는가? 그분의 말씀, 그분의 영원히 능력있는 구원의 표지, 그분의 가장 보잘것없는 형제자매들, 그분을 중심으로 모인 공동체 안에 현존하시는 그분을 전혀 알아뵙지 못하는가? 오히려 교회는 예수의 자유와 온정에 격분하는 회당장의 모습 안에서 자신을 발견해야만 하는가?

교회에 관한 이러한 성서적 관상이 아름답고 영성적이고 이상적이기만 한 교회상에서 헤어나오지 못할 위험은 거의 없다. 그렇다. 이러한 관상은 교회를 상대화하는 또 하나의 효과적인 방법일 따름이다. 교회의 제도적 형태는 교회의 전부가 아니다. 교회는 의미, 전망 그리고 희망의 가능성에 있어서 우리가 첫눈에 인식할 수 있는 것보다 훨씬 많은 것을 제공해야 한다. "가슴으로 보아야만 잘 볼 수 있다." 이 말은 바로 교회(객체로서보다는 주체로서의)에도 해당된다.

ㅁ. 교회 안에서 반대의 용기를 보존하기

교회 상황과의 책임있는 관계는 결코 침묵이나 소극적 순응일 수가 없고, 오히려 용기라는 고래의 성서적 덕목이 교회 안에 되살아나게 한다. 그것도 교회의 제도나 개개 구성원·단체 또는 직권자들이 자신들의 사명, 곧 오늘날 예수 그리스도와 그분의 해방하는 복음을 드러내는 일을 전혀 혹은 거의 제대로 수행하지 못하고 있는 듯이 보이는 바로 그런 곳에서 말이다. 현대의 정당한 물음과 요구들에 대해 "위에서" 경계 설정을 지시하는 오늘날의 상황에서 — 이로써 교회는 이 문제와 관련된 교황 요한 23세와 제2차 바티칸 공의회의 쇄신 노력 이전 상태로 후퇴해 버렸음이 분명하거니와 — 우리는 비겁하고 소심하다는 인상을 주어서는 안되겠다. 그러지 않으면, 우리는 공의회와 "현대"에 대한 공의회의 관점에서 영감과 활력을 얻어 교회 내적 친교의 새로운 방식을 갈망하고 있는 너무나 많은 그리스도인들을 환멸과 상처 속에 버려두게 된다. 만일 그렇지 않으면, 또한 사람들은 몇 년 혹은 몇 십 년 지나지 않아 마땅히 우리를 질책할 것이다. "왜 당신들은 그때 침묵했었느냐?"라고.

그러나 우리의 반대는 **화해**를 지향하는 언어, 인신 공격과 비방으로 상이한 경향들 사이의 간극을 더욱 심화하지 않는 언어, 타인의 종교적 감정에 상처를 주지 않고 오히려 그를 이해하려 애쓰며 그의 신념에 담겨 있는 진리의 씨를 주의깊게 찾아내고자 노력하는 그러한 언어로 표현되어야 한다. 여기서 루트멘젠의 말을 다시 한 번 인용하는 것이 도움이 될 것 같다. 그는 1960~1970년대에 교회에 헌신했던 자신의 행동을 이렇게 회고하고 있다. "사람들의 세번째 잘못은, 논쟁이 설득력있다고 믿었고 그래서 논쟁을 통해 선이 승리하게끔 만들고 악을 쳐이길 수 있다고 생각한 것이었다. 물론 견해 차이는 당연히 존재할 수 있고 또한 사람들이 격렬하게 논쟁하는 것에 대해 반대할 이유도 전혀 없다. 그러나 사람들이 서로 반대 입장들을 낱낱이 개진하기만 하면, 독자적인 진리가 저절로 승리를 거두게 되리라는 생각은 하나의 망상임이 명백히 밝혀졌다."[76] 그와는 반대로 화해를 지향하는 언어는 사상事象을 그 이름대로 부르고 영들을 식별(예컨대 교회 안에서 종교적인 권한과 정치적 권력 남용 사이의 식별)할 뿐 아니라, 고착화된 전선을 움직일 수 있는 힘도 지니고 있다. 이러한 언어의 본보기를 현실에서도 찾을 수 있으니, 예를 들어 떼제 공동체와 그곳 원장 로제 슈츠의 상호소통 양식이 그 한 가지다. 이곳에서는 화해하고 화해받는 교회의 매혹적인 모습이 모범적으로 실현되고 있다.

---

[76] B. Rootmensen, Vierzig Worte in der Wüste, 174쪽.

ㅂ. 인내의 힘을 과소평가하지 않기

여기서는 방금 이야기한 용기와 짝을 이루는 것으로서, 역시 성서에 깊이 뿌리내리고 있는 또 하나의 덕목, 곧 **인내**에 관해 언급하고자 한다. 만일 모든 선의의 노력들이 수포로 돌아간다면 우리는 어떻게 처신해야 하는가? 복음으로 인한 참된 기쁨의 불꽃이 다른 사람들에게 번져가지 않는다면? 안팎으로의 상호소통을 위해 계획된 대화들이 시작되자마자 흐지부지된다면? 사실 이러한 체험은 우리를 갈수록 힘들게 만들고 있다. 이러한 상황에서 우리 교회의 위대한 영성 전통에서 유래하는 두 가지 아름다운 텍스트가 내게는 큰 힘이 되는데, 그것들을 짤막하게 소개하고자 한다.

  하나는 프랑스의 신비주의자 마들렌 델브렐(1904~1964)의 편지다. 그녀는 1940~1950년대 노동사제들의 운동에서 종교적·인간적으로 중요한 의미를 지녔던 완전히 탈그리스도교화된 노동계 한가운데에서 활동했다. 1953년, 로마가 이 운동을 금지시켰을 때, 그녀는 어려운 상황을 신앙의 힘으로 극복하는 일에 편지와 대화를 통해 동참했다. 금지 조치에 당혹해하는 사제들에게 써보낸 한 편지에서, 그녀는 교회의 삶과 쇄신의 고통스러운 과정을 구체적으로 설명하기 위해 출산이라는 상징을 이용하고 있다:

> 나는 당신들이 사람은 고통 속에서 출산한다는 것을 알지 못하는 여인, 자신이 그 고통에 의해 갈가리 찢기는 것을 이해하지 못하는 여인, 자신을 잡아찢고 동시에 아기를 밖으로 밀어내려고 하는 진통을 억제하고 있는 그런 여인처럼, 당신들에게 부과된 사명을 당신들 속에 억제하지나 않을지 걱정이 됩니다. 어머니의 자궁 속에 있는 한, 아기는 성숙한 인간의 몸 안에 있는 것입니다. 아기에게

태어난다는 것은 작고 연약하게 됨을 의미합니다. … 성장하기 위해 그는 우선 이러한 작은 아기여야 합니다. 이러한 아기, 이 새로운 인간을 사람들은 당신들에게서 기대하고 있습니다 — 성숙한 인간을 기대하는 것이 아닙니다. 당신들에게 부과된 사명이 고통 가운데서 당신들로부터 태어나지 않는다면, 그 사명은 … 마치 여인이 자궁 안에 지니고 있는 죽은 태아처럼 남아 있을 것입니다.

    교회는 이미 언제나 이러한 방식으로 어느 시대에나 똑같은 교회로 태어났다고 나는 생각합니다. 그것은 언제나 똑같은, 성인聖人들을 으스러뜨렸던 투쟁이었습니다. 그들은 출산을 하라는 사명을 받았습니다. 그들이 그들 안에서 자라난 것을 전혀 가련하고 연약한 모습으로, 무섭고 피비린내나는 그러나 유기체가 필연적으로 순종해야 하는 경련을 통해 너무나 비천하고 작은 모습으로 나타나도록 했을 때, 그리스도의 교회는 새로이 이 세상에 태어났던 것입니다. 역시 출산의 사명을 부여받았던 다른 사람들은 생명의 법칙을 깨닫지 못했습니다. 그들은 생명의 법칙을 병든 몸의 고통과 혼동했고, 그래서 그리스도는 고통을 관통하여 더 나아갈 수 없었습니다.[77]

델브렐의 말이 옳다. 꼭 필요한 구조적 변혁을 위한 투신이 그리스도와 그분 교회에 대한 거의 신비주의적이라고 말할 수 있는 사랑에 터한 이러한 관상적 인내로부터 힘을 얻지 못한다면, 그 투신은 결국 아무 성과도 없을 것이다. "투쟁과 관상"(떼제), "저항과 인종忍從"(D. Bonhoeffer)은 신앙인들에게 있어서 같은 동전의 양면이다.

    다른 하나의 텍스트는 플로렌스의 오래된 한 수사본에 담겨 있는 이야기인데, 아씨시의 성 프란치스코에게로 소급된다. 그는 레오 수사와의 대화중에 "참된 기쁨"의 근원을 모색한다:

---

[77] A. Schleinzer, Die Liebe ist unsere einzige Aufgabe. Das Lebenszeugnis von Madeleine Delbrêl, Schwabenverlag Ostfildern 1994, 248쪽.

산타 마리아 부근에는 데글리 앙겔리라는 곳이 있었는데, 그곳에서 복된 프란치스코는 레오 수사에게 말했다. "레오 형제, 받아 적으시오!" 그가 대답했다. "예, 준비되었습니다!" "적으시오." 프란치스코가 말했다. "참된 기쁨을 어디서 발견할 수 있겠습니까? 소식 전하는 사람이 와서 파리의 모든 교수들이 우리 수도회에 입회했다고 전한다면?

받아 적으시오. 참된 기쁨은 거기 있지 않습니다! 그렇습니다. 심지어 알프스 저쪽 교회들의 모든 고위 성직자, 주교, 대주교, 아니 프랑스와 영국의 왕들까지 그런다 해도! 적으시오. 거기에는 참된 기쁨이 존재하지 않습니다! 더 나아가, 내 모든 형제 수사들이 믿지 않는 사람들에게 가서 그들을 모두 그리스도교로 개종시킨다면?

그리고 끝으로, 내가 하느님의 큰 은총을 입어 병든 사람들을 고쳐주고 엄청난 기적들을 행한다면? 나는 그대에게 말합니다. 그런 일들 안에는 참된 기쁨이 존재하지 않습니다!

그렇다면 참된 기쁨은 도대체 어디에 있을까요?

가령 내가 한밤중에 뻬루지아로부터 이리로 돌아오는 길이라고 합시다. 때는 겨울이고 날은 춥고 칙칙해서 수도복 밑부분엔 얼음이 엉겨붙어 걸을 때마다 내 다리를 때려 피멍이 들었습니다. 그렇게 지저분한 추위와 얼음 속에서 현관 앞에 이르러 오랫동안 두드리고 불러댄 후에 한 형제 수사가 나와서 묻는다고 합시다. '누구요?' 내가 대답합니다. '프란치스코 수시입니다.' 그러지 그가 말합니다. '빨리 없어지시오! 이 시간에 이리저리 돌아다니지 말고. 당신은 들어올 수 없소!' 그러면 나는 다시 한번 시도하고 그는 대답합니다. '빨리 없어져, 당신은 바보 멍청이야. 결코 우리집에 들어올 수 없어! 우리는 당신 같은 사람 필요없다고!' 그러면 나는 현관에 매달려 다시 한번 애쓰며 힘주어 이렇게 말합니다. '하느님의 사랑을 생각해서라도 — 오늘 밤만이라도 묵어가게 해주시오.' 그러나 그가 대답합니다. '그렇게 할 수 없어! 십자가 신사들의 집에나 가서 부탁해 보라고!' 그대에게 말합니다. 만일 내가 그때 인내심을 잃지 않고 화내지 않는다면 — 그것이 참된 기쁨, 진정한 덕성 그리고 영혼의 구원일 것입니다."[78]

세 번씩이나 자기 형제 수사들의 문전을 두드리고, 알아보지 못하는 그들에게 모욕을 당하고 쫓겨남, 이것을 인내 속에서 화내지 않고 참아견디는 것이 프란치스코에게는 참된 기쁨이다. 얼마나 자주 우리는 우리 자신의 집, 교회의 문을 두드리며 똑같은 간청을 발하고 있는가! 또한 얼마나 자주 뜻을 이루지 못하고 쫓겨나며, 심지어 험악하게 취급받고 마음에 상처를 입는가! 그럴 때에 화를 내거나 격렬히 반응하지 않고 인내심을 보존하는 일 — 이것이 사실 교회 안에서 깨어지지 않는 기쁨을 간직할 수 있는 비밀이다(교회 안에서 겪는 온갖 반대체험에도 불구하고).

물론 인내는 자칫하면 악용되기 쉬운 덕목이기도 하다. 그러므로 인내를 예를 들어 견딜 수 없는 상황에 대한 책임을 회피하기 위한 구실로서 **다른 사람들에게** 권장해서는 결코 안된다. 또한 인내는 지긋지긋한 폐해에 대한 분노를 대신해서도 안된다. 게을리한 행위에 대한 알리바이로 끌어댈 수도 물론 없다.

한스 샬러의 말을 들어보자:

인내는 자기 자신에게 힘과 상상력이 결여되어 있기 때문에, 비통하고 절망적인 현실 상황과 타협하고 거기에 순응하는, 기질적으로 소극적이고 양순한 사람들이 지니는 덕목이 아니다. 그렇다. 인내는 궁극적으로 내면의 근본 확신, 마음의 청명함이 파괴되지 않는

---

[78] Franz von Assisi – Geliebte Armut, "Texte zum Nachdenken", Herderbücherei Bd. 630, Freiburg ⁵1971, 111쪽.

것을 목표로 하고 있다. 인내는 굳건한 신뢰와 존재의 기쁨을 보존하는 데 봉사한다.

"인내심이 있다는 것은 선善을 실현하느라 입게 된 상해 때문에 영혼의 투명성이 훼손되지 않음을 뜻한다. 인내는 정력적으로 채워 넣는 적극성의 배제를 의미하는 것이 아니라, 바로 단호히 그리고 오로지 마음의 참담함과 혼란의 배제를 의미한다. … 인내는 깨지고 부서진 삶의 눈물로 뒤덮인 거울이 결코 아니다. 인내는 깊은 내면에서 정련된 불손상성不損傷性의 총괄개념이다"(J. Pieper).[79]

---

[79] Hans Schaller, Unter verhangenem Himmel, in: Pastoralblatt 47 (1995) 289쪽.

제2장

구조적으로 변화하는 교회의
윤곽 그리기

이 책의 고찰들은 "교회는 어디로 가고 있는가?"라는 큰 제목 아래 행해지고 있다. 이 마지막 장에서 나는 이 물음에 대하여 조심스러운 대답을 시도해 보고자 한다. 그러는 가운데 교회에 대한 꿈이나 멋진 비전들보다는("거대한 무지개"를 시야에서 놓치지 않기 위하여 이런 것들이 아무리 필요하다 하더라도!), 미래 교회 모습의 윤곽을 가능한 데까지 그려 보여줄 수 있는 현실에 터한 가설과 제안들이 제시되어야겠다. 그리고 사실 그러한 윤곽들은 오늘날의 특정한 발전 과정들에 근거하여 이미 그려지기 시작했다. 물론 거기서는 유럽의 정치적·경제적 발전 과정이 몇 십 년 내에는 혁명적 변화나 전쟁 등으로 인한 파국을 겪지 않으리라는 가정이 큰 역할을 하고 있다. 그러나 문화적 발전 그리고 가치관, 종교에 대한 의식, 교회 중심 그리스도교의 전반적 수용 등은 앞으로 더욱 많은 변동을 겪을 것이 확실하다. 그렇지만 나는 현대 유럽 사회가 교회 중심으로 통합된 종교성(예컨대 소위 "현대화 추진" 이전 시기의)에로 대거 복귀한다는 것은 — 갈수록 증대하는 수체화와 다원화(바로 종교 영역에서도!)라는 이미 오래 전부터 형성된 환경 속에서는 — 거의 있을 수 없으리라고 생각한다. 왜냐하면 오늘날의 문화적 심성의 양면성Ambivalenz이 보편적 의식 안에 갈수록 뚜렷이 자리잡는다 하더라도, 그러한 양면성이 대다수 사람들의 경제적 복지나 정치적·사회적 안녕에 감지될 수 있을 만큼 반反생산적으로 작용하지 않는 한, 의식과 행동에 있어 대규모의 변화는 거의 기대할 수 없기 때문이다.

사정이 이러하니, 아무래도 우리는 이렇게 물어야 하겠다. 우리는 장기적으로 무엇을 목표로 해야 하는가? 우리는 무엇을 미리 숙고해야 하며, 또 지금부터 어디에 강조점을 두어야 하는가?

1. 교회 안에서 따로 노는
"노선 동아리들"

상호간에 점점 더 배타적으로 되어가는 특정한 "체험 동아리들"이 전체 사회 안에서 제각기 발전해 가는 것과 유사하게, 가톨릭 교회 안에서도 (현대 유대교나 개신교와 마찬가지로) 매우 상이한 신학적·교회적 경향과 노선들이 갈수록 두드러지게 나타날 것인 바, 이것들은 아주 특정한 사회적 형태 안에서 결집하며 그들 상호간의 소통은 지금까지보다 더 힘들어질 것이다. 장소보다는 인간에 터해 서로 경계지어지는 그러한 "노선 동아리들"Richtungsmilieus을 구별하는 한 가지 결정적 표지는 현대 문화에 대한, 그리고 그것과 필연적으로 결부된 이 문화 안에서의 교회의 입장 규정에 대한 각기 다른 근본 관점에 있다고 나는 생각한다.

예를 들어 현대를 **악마화**하려는 성향이 농후한 신앙인들은 앞으로 숫자가 더욱 증가할 뿐 아니라, 자신들의 그리스도교적 정체성을 바로 현대("현대적 교회"는 더군다나 물론)와의 첨예한 대조를 통해 보존·강화하기 위해, 지금보다 더 "피난용 성채" 비슷한 공동체 형태와 상호소통 조직 안에서 긴밀히 결합할 것이다. 그러는 가운데 여기서는 이단 종파와 유사한 조직들 — 말하자면 "교회 안의 교회들" — 이 생겨날 위험성을 전혀 배제할 수 없으며, 그러한 조직들을 (세계교회보다는) **지역**교회 안으로 통합시키는 일은 극히 어려울 것이다. 한탄스러운 일이지만, 오늘날 이미 그 조직들이 교회의 발전과 결정에 끼치는 영향력은 그것들의 실제적·양적·질적·신학적 비중보다 훨씬 크다.

교회로서는 필히 이 동아리들과 경계 설정을 분명히하는 가운데 이 것들 안에 일방적인 모습으로 표현되어 있는 올바른 것을 찾아내는 것이 중요하다. 그러나 어떠한 경우에도 이 동아리들이 교회 고유의 활동을 좌우지하게 해서는 안된다. 그리고 한 가지 더 덧붙여서 말한다면 — 전적으로 가능한 일이거니와 — 이 동아리들과의 사실에 즉卽한 토론을 회피해서도 결코 안된다.[80]

복음주의파 혹은 **오순절 교회**의 영성에 큰 영향을 받고 그것에 터해서 그리스도교적 선포와 현대 문화와의 직접적이고 우악스러운 대결에 투신하는 동아리 혹은 경향들이, 추측건대 가톨릭 교회 안에서도 전혀 다른 목적하에 퍼져나갈 것이다. 그들 가운데 많은 사람들은 그리스도교 신앙의 현대 문화 안으로의 연결고리나 중개 가능성을 다양하게 모색하는 일을 쓸데없는 에움길 혹은 애시당초 헛된 짝사랑으로 치부한다. 심각한 종교적 방향 상실의 상황에서, 종교적 체험을 중시하는 사람들의 마음을 끄는 색다른 예배와 선포를 즐겨 행하는 그런 동아리들은, 사실 종교적 안정감을 갈망하는 많은 (대부분 젊은) 동시대인들에게 그리스도교 신앙 안에서의 하나의 새로운 고향을 제공할 수 있을 것이다. 그런데 여기서는 그러한 집단들의 책임있는 사람들이 교회가 가르치는 "영들의 식별"을 할 수 있는 능력과 준비가 갖추어져 있는지가 매우 중요하다. 그렇지 못하면 이 "무대"에서도 경건주의적·이단종파적 동아리들이 점점 더 퍼져나갈 것이다.

갈수록 절감하는 사회적 소수집단으로서의 자신들의 처지와 높은 평균연령 때문에 대부분 스스로 보수적인 기분을 느끼지만, 원칙적

---

[80] K. Nientiedt, Gefürchtet, überschätzt, dämonisiert. Rechtskonservative Gruppie-rungen im deutschen Katholizismus, in: Herder-Korrespondenz 49 (1995) 477-82쪽 참조(인용문은 482쪽); W. Beinert (Hg.), Katholischer Fundamentalismus, Regensburg 1991도 참조.

으로는 (제2차 바티칸 공의회적인 의미에서) 현대와의 **상호소통적 대결**에 개방적인 사람들, 곧 모범적인 가톨릭 "미드필드"의 경향도 앞으로 매우 폭넓고 다채로운 스펙트럼을 나타낼 것이다. 이 경향의 폭은 물론 매우 넓다. 그리스도교적 가치관과 현대적(혹은 "후현대적") 가치관들 사이의 조심스럽고 회의적인 접근에서부터 계획적인 수렴에 이르기까지 다양한 편차를 보인다. 강조점을 서로 달리하는 다양한 입장들은 지역 공동체들 안에서 많건 적건 서로 혼합되거나 혹은 — 평화롭게든 반목하면서든 — 병존하는 한편, 더 나아가 또 다른 상호소통 형식들을 만들어 내기도 한다. 예를 들어 출판기관, 학회 세미나, 영성 재교육 과정, 기도 모임, 정치·사회적 프로젝트, 종교적으로 구성된 여행 기획, 순례 등이 그런 것들인데, 그 안에서 그때마다 특정한 "노선들"이 동아리식으로 결집하고 또 자기들 나름의 교회성의 형식 안에서 서로를 떠받쳐주기도 한다. 안(전체교회)과 밖(현대 문화)으로의 의사소통에의 각오와 준비가 서로 상응하는 곳에서는 교회생활의 공동 실천을 위해서뿐 아니라 구체적인 문화적 도전들에 대한 공동 대응을 위한 통합도 틀림없이 성공적으로 이루어질 수 있을 것이다. 내가 보기에 이러한 통합이 이루어지기 아주 어려운 동아리들은, 어디까지나 가톨릭 교회에 속해 있고자 하고 또 부분적으로는 교회에 매우 적극적으로 헌신하기도 하지만, 동시에 매우 강렬한 반反제도적 열정에 사로잡혀, 교도권의 모든 일에 대한 비판적 인식과 판단을 그리스도인으로서의 고유한 자기 정의定義의 핵심, 요컨대 그리스도교적 실존의 핵심으로 간주하는 그런 동아리들이다.

부단히 진행되는 이러한 다양화·차별화 과정 아래에서, 일치와 교도를 위한 (모든 차원의) 교회 직무들의 봉사가 갈수록 절실히 요청되고 있다. 왜냐하면 제1부에서 현대적 "체험사회"에서 "동아리 월경자"로서의 그리스도인의 사명에 관해 개괄적으로 말한 것이,

이 직무 담당자들에게도 특수한 방식으로 해당되기 때문이다. 이들은 교회 내부에서도 동아리들을 넘나들고 통합하는 일의 중요성을 인식하고, 그 일에 아주 많은 힘을 쏟아부어야 한다. 그리하여 최소한 교회 안의 "동아리 중심주의"에 한계를 정해주어야 한다. 이래서 "목자"라는 고래의 표상이 "후현대적"인 시대에도 전혀 현실적으로 남아 있는 것인가. …

2. "독특한 측면을 지닌" 공동체들을 형성하려는 경향의 증대

수많은 사람들에게 주거 내지 수면 공간과 생활 공간(학교, 직장, 쇼핑 센터, 레저 시설 등) 사이의 사실상의 구분을 앗아준 사회 전체의 유동성으로 말미암아, 추측건대 우리가 그저 방어적으로 대처해서도 안되고 그렇다고 열렬히 동조할 수도 없는 하나의 추세가 더욱 강화될 것이다. 즉, 영성적·친교적 생활이 지리적 위치, 인적 여건, 전통 덕분에 독특한 측면Profil을 지니게 된 본당 공동체나 그에 비견되는 종교 센터(수도원, 피정과 교육 기관, 새로운 영성운동, 순례 장소 등)를 중심으로 이루어지는 추세 말이다. 긴 안목으로 볼 때 교회는 아마도 전방위적全方位的 활동을 하는 본당이나 교구 사목체제 안에서보다는 오히려 **결정화**結晶化 **지점들**Kristallisationspunkte 안에서 더 많이 생활하게 될 것이다. 전자前者는 그 나름의 중요한 의미가 있다(특히 여러 가지 이유로 그렇게 유동적일 수 없는 신자들을 위해). 그러나 갈수록 많은 본당 공동체들은 전례적·사목적 "기본 급양給養"을 제공하는 것에 그치고, 다종다양한 집단과 세대의 신자들에게 신앙의 고향 같은 것은 되지 못할 것이다.[81]

그 결과 갈수록 많은 사람들이 ― 그들은 이미 신앙을 상당한 시간·재능·관심을 투자할 가치가 있는 것으로 생각하고 있거니와 ― 스스로를 "마지막 떨이"로서 거의 버림받은 것처럼 느끼지 않는 곳, 오히려 의미와 생생한 친교, 그리고 영혼을 위한 좋은 영적 양식에 대한 자신들의 갈망이 충족될 수 있는 그런 곳을 우선적으로

---

[81] M. Kehl, Wohin geht die Kirche? in: Stimmen der Zeit 213 (1995) 147-59쪽 참조.

찾아가게 될 것이다. 그런 곳의 예: 여러 사람이 함께 준비하고 참례자 많은 규칙적인 가족 또는 청소년 예배들, 그리고 가족과 아이들을 위한 특별 기획들을 제공하는 본당과 공동체들; 수준 높고 장중한(특히 음악, 역할 분담, 기도문과 강론의 질에 있어) 성인 전례가 집전되는 공동체들; 전통적인 "가톨릭적 감성"을 증진시키는 성숙한 경건성을 갖춘 본당이나 신앙 센터들; 성령 운동이 활발한 공동체와 단체들; 예술적·사회적·정치적으로 특정한 선택을 하는 공동체와 운동들 등등. 이러한 공동체들은 지금보다 더 본당 사목의 경계를 멀리 벗어나 사람들을 끌어들이는 중심 장소가 될 수 있을 것이다. 또한 이 공동체들은 특히 여기에(자신들의 지역 공동체가 아니라) 적극 헌신하고 싶어하는 사람들에게는 결국 고향과 같은 곳이 될 것이다.

그런데 이러한 발전 과정은 물론 심각한 **위험성**도 내포하고 있다. 여기서는 그저 몇 가지 표제어만 언급하기로 하겠다. 종교적 체험 요구 심성의 조장, 공동체를 위한 성취 압력과 공동체들간의 경쟁의 심화, 적극적인 특정 핵심 집단이나 능력있는 지도자들에게의 예속, 많은 "그렇고 그런" 본당들의 공동화空洞化 등등. 그럼에도 불구하고 우리는 이미 현실적으로 존재하고 또 사실 우리가 저지할 수도 없는 이 추세에 그저 방어적으로 대응할 것이 아니라 창조적으로 대처하여, 신앙의 새로운 사회적 상황을 지금까지보다 슬기롭게 극복해야 한다고 나는 생각한다.

한편 이러한 발전 과정이 제공하는 **기회**는 예를 들어 오늘날 칭찬이 자자한 "협동적" 사목과 공동체 지도가 단지 교회 내적 현실(인적 자원의 부족, 본당·교구 조직 등)을 고려했을 뿐 아니라 교회 밖의, 즉 문화적 요구를 더 깊이 염두에 두고 있다는 사실에서 찾아볼 수 있다. 이러한 일은 우리가 도시에서건 시골에서건 훨씬 광역적으로 넓은 시야를 지니고 계획을 세워야 함을 전제로 한다.

즉, 어떤 특정한 문화적 생활 공간 안에서 우리가 수용하고 장려해야 할 다종다양한 영성적·사목적 측면들이 제각기 충분히 부각되는 계획이 입안되어야 한다. 이로써 교회는 이 사회 안에서 갈수록 확대되어 가는 사막화 과정을 효과있게 저지하는, 그리스도인들의 생생한 만남의 장소들의 그물망으로서 다시금 실감나게 체험될 수 있을 것이다.[82]

만일 지금까지의 예측이 옳다면, 이러한 발전 과정은 현존하는 대부분의 공동체들(그리고 그 책임자들!)에게는 하나의 심각한 **도전**을 의미한다. 요컨대 그들은 오랜 세월 골수에 박힌 "소유권자 사고방식"("우리 공동체는 무슨 일이 있어도 그 모든 관습적인 삶의 실천들과 함께 계속 생활해 나가야 한다. 얼마나 많은 사람들이 동참할 것인지는 아무래도 상관없다!")을 단념하는 것을 배워야 한다. 그러한 "아래로부터의 경직성"은 결국 갈수록 작아지고 폐쇄적으로 되어가는, 거의 자기 자신에게만 몰두하는 "패거리 공동체"를 생겨나게 한다. 이런 공동체는 더 이상 바깥 세상을 향해 신앙과 삶의 기쁨을 반사하지 못한다. 자기 자신만 덥히는 난로처럼 말이다. 훌륭한 본당 공동체 생활이 일차적으로 적극적 구성원들의 숫자에 좌우되는 것은 물론 아니다. 그러나 독일 본당 공동체들의 사정은 점차 수많은 수도원, 교회에서 운영하는 병원·학교·아동 복지시설 등과 크게 다를 것이 없게 되어가고 있다. 주도적인 "핵심부"가 일정한 숫자에 미치지 못하고 또 일정 연령을 넘어서면, 활력과 선교 역량은 필연적으로 저하하게 마련이다. 갈수록 많은 (그리스도교에 정말 관심있는) 청·장년층 사람들이 흔히는 그토록 거대한 그러나 나날이 텅 비어가는 교회에 작별을 고하기 전에, 우리는 광역적으

---

[82] 이러한 협동적이고 혁신적인 공동체 사목을 위한 구체적이고 고무적인 많은 제안들은 예를 들어 K. Kugler, Statt Kirche – Stadtkirche, in: Pastoralblatt 47 (1995) 305-12, 339-45에서 찾아볼 수 있다.

로 "사심없이" 다른 본당 공동체들과 협력하는 데에 진력해야 한다. 그리하여 예를 들면 **하나의** 중심 장소에서 활발한 청소년 사목이 이루어질 수 있고, 특정 주일과 축제일에 (혹은 여름 휴가철에도) 여러 본당을 위해 한 번 혹은 두 번만 훌륭하게 준비·구성된 그리고 (당연히 그렇겠지만) 참례자 많은 성체성사를 집전할 수 있을 것이다.[83] 이러한 (특히 노인층이 다수를 점하는 많은 본당들과 그 본당들의 역시 더 이상 젊지 않은 책임자들에게는) 매우 고통스러운, 그러나 불가피한 자기 상대화와 자기 탈피의 과정에 대한 의지와 용기 없이는, 그리스도교는 중부 유럽의 전지역에서 (도시건 시골이건) 결국 고사枯死할 수밖에 없으리라고 나는 생각한다.

이러한 발전 과정은 본당과 교구의 주요 직권자들도 근본적으로 저지할 수 없다는 것이 나에게는 분명해 보인다. 이것에 대한 증거는 인적 자원을 훌륭히 갖추고 있는 매우 많은 개신교 공동체들의 더욱 불안정한 상태 하나만으로도 족할 것이다. 이 비교는 정당하니, 왜냐하면 교회생활에의 참여 문제에 있어서 종파상의 차이는 앞으로 더욱 없어질 것이기 때문이다. 나는 신학적·사목적 근거에서 성직에의 허가 조건의 더 융통성 있는 적용을 전적으로 옹호한다. 이 점에 있어서는 "아래로부터의 경직성"과 똑 마찬가지로 위험한 "위로부터의 경직성"이 서로 짝자꿍이 잘 맞고 있다.[84] 그러나 이

---

[83] 이러한 일은 특히 나이 많은 신자들에겐 무리한 요구라는 반론은 아주 제한적으로만 타당하다. 왜냐하면 — 흩어져 있는 본당 공동체들을 위해서는 당연한 것이거니와 — 수송 봉사는 어디서나 조직될 수 있기 때문이다. 뜻이 있는 곳에 길이 있나니 …

[84] M. Kehl, Die Kirche, 438-59쪽 참조. 이 경직성이 오래 지속된다면, 무엇보다도 심히 제한적인 허용 조건에 의한 사제직은 유럽에서 갈수록 희귀해지고, 그로 말미암아 많은 본당 공동체들의 통상적인 생활에서 없어도 되는 것으로 간주될 것이다. 또한 그것은, 반드시 그렇지는 않겠지만, 다른 소명들에도 심각한 영향을 끼칠 것이다. **여성**의 사제서품 허용 문제와 관련하여, 교황 문헌 "Ordinatio sacerdotalis"(사제서품)와 그것에 대한 신앙교리성의 해석은 신학적 논쟁의 새로운 상황을 초래했던 바, 여기서는 그 문제에 관해 내 의견을 더 말하고 싶지 않다. 그레샤케의 매우 뛰어나고 분명한 견해를 참조할 것. G. Greshake, in: Pastoralblatt 48 (1996) 56쪽.

러한 교회 내적 구조 변화의 동기가, 그렇지 않으면 지금 현존하는 모든 본당 공동체들이 그렇게 작은 불꽃으로 온갖 관습적 사목 메뉴를 계속 요리해야 한다는 사실에만 있을 수는 없다. 오히려 근본적으로 중요한 문제는, 사목과 교도에 있어서 위협적인 소모와 노령화로부터 교회를 지키고, 교회로 하여금 오늘날의 문화적 상황과 창조적 대결을 할 수 있는 능력을 갖추게 하는 일이다. 단적으로 말해, 우리는 남자건 여자건 기혼이든 미혼이든 책임있는 자리에서 신앙인들(이들은 오늘날 교회 공동체 생활이 새로운 시대로 건너가는 과도기에 처해 있다)을 고무하며 동반해 갈 창조적 상상력을 지닌 아주 많은 젊은이들을 필요로 한다.

3. 적극적 구성원들과 소극적 구성원들간의
증대하는 불균형:
성사사목의 어려움과 기회

"종파적 동아리(환경)들"의 와해(제1부 제2장 3절 참조)와 관련하여, 우리는 이미 (사회적으로는 전혀 문제되지 않는) 교회의 소극적 혹은 비활동적 구성원 존재라는 문화제약적 현상에 마주쳤었다. 이 현상에서 가장 눈에 띄는 문제는 무엇보다도 이 유형의 구성원 존재가 갈수록 교회생활에의 적극적 참여보다 사람들의 마음을 끌고, 이미 그럭저럭 "보통 경우"가 되어버렸다는 것이다. 그 결과는 적극적 구성원들과 소극적 구성원들 사이의 뚜렷한 불균형인 바, 전자는 후자를 흔히 매우 짐스럽고 실망스러운 존재로 여기고 있다(특히 성사 교리교육 — 사실 이곳이 이 두 가지 방식의 교회성의 극히 위태로운 만남의 장소의 하나다 — 과 관련하여). 어떻게 우리는 이 발전 과정에 더 공격적이고 창조적으로 대처하여, 그리스도교적 정체성 **그리고** 신앙의 사회적 중요성을 다함께 강화할 수 있을까? 어떻게 하면 우리는 적극적 구성원들과 소극적 구성원들의 기대와 입장을 다함께 진지하게 수용하고, 또 차별성을 두고 그것들에 대응할 수 있을까?

ㄱ. "교회에서 멀리 떨어져 있는 신실한 사람들"에 대한 충분한 긍정

만일 교회가 매우 많은 소극적 구성원들, 즉 "교회에서 멀리 떨어져 있는 신실한 사람들" — EKD(독일 개신교 연합회)의 최근의 한 연구가 이렇게 이름붙였다 ─ 을 아예 없는 것으로 간주하거나 사목적으로 부적절히 취급한다면, 그것은 교회의 불행일 것이다. 왜냐하면 사실 그들을 통해서도 교회의 **공공적 성격**이 어느 정도 드러나며, 이것이 그들을 자유교회나 이단 종파와 구별해 주기 때문이다. 교회는 그리스도교 신앙의 자기 이해에 터하여, 자신의 사회적 장소를 일차적으로 교회 내의 단체들 안이 아니라, 그 속에서 자신이 살아가고 그것을 위해 헌신하며 또 그것과 대결하는 그때그때의 문화와 사회질서 안에 가지고 있다. 사실 소극적 구성원들에 의해서는 그리스도교의 명시적 신앙 내용의 아주 적은 부분밖에 우리 문화에 중개될 수 없다 하더라도, 아무튼 그들을 통해 그리스도교적 가치관들(특히 사회윤리와 정치, 그리고 인간관과 인간 존엄성 등의 분야에서)의 일정한 흔적이 다종다양한 사회 집단들 안에 남아 있을 수 있다. 한편 오늘날 적극적 그리스도인들은 더 강도 높은 교회 내적 삶에 몰두하다 보니, 때때로 그리스도교적 에토스Ethos의 이 공공적 의미를 과소평가하는 위험에 처해 있다. 여기에서도 교회와 교회의 적극적 공동체들의 건실한 자기상대화가 요구된다. 그래서 바로 이러한 관점에서 여러 **연합회들**Verbände은 "교회에서 멀리 떨어져 있는 신실한 사람들"에 대한 사목과 관련하여 지속적인 의미를 보유한다. 왜냐하면 참된 그리스도교 신앙과 정신을 세상 속에 전달하는(비록 "겨자씨들"의 형태로일지언정) "운송업자"로서의 그들의 역할은 전반적으로 "그리스도교적" 문화를 지니고 있던 과거 시대들에서보다 오늘날 훨씬 필수불가결하기 때문이다.

그러면 여기서 우리의 출발점이었던 물음을 다시 묻기로 하자. 적극적 교회 구성원들과 소극적 교회 구성원들의 불균형 현상에 어떻게 대처할 것인가? 우선 신학적 전前고찰 한 가지: 제2차 바티칸 공의회는 가톨릭 교회와 다른 교회·종교·세계관들과의 더 개방적이고 대화적인 관계에 토대를 놓기 위해 「교회헌장」 13-16항에서

동심원同心圓 **모델**을 사용하고 있다. 이 새출발은 그동안 가톨릭 **내부에서도** 큰 중요성을 보유하게 되었다. 즉, — 신앙을 얼마나 명시적으로 생생히 살아내느냐에 따라 — 하느님 백성(넓은 의미의)에의 소속과 관계의 각이各異한 수준이 있고, 또 "안"과 "밖", "구원"과 "비구원"이 있듯이, 교회에 대해서도 더 좁은, 제도적 의미에서 같은 말을 할 수 있다. 다시 말해 원칙적으로 받아들인 교회 구성원으로서의 신분을 개인적으로 생생히 살아내고 교회와의 관계를 공공연히 드러내는 데에도 각이한 정도와 수준이 있다는 것이다. 그렇다고 해서 이 말이 개개인의 실존적 신앙 상태와 은총의 정도에 관한 언급은 결코 아니다.[85]

동심원 모델을 제도적 교회 내부의 신앙 상황에 적용하는 것이 어떻게 신학적으로 정당화될 수 있을까? 사실 교회는 1세기에 "이방계 그리스도인들"에게 선교하면서부터 **모든 사람**에게 친숙한 소위 "자연신학"과 성서의 구원사 밖에서 살아온 여러 민족의 종교성을 자신 안에 통합했다(특히 창조신앙에서). 교회는 그러니까 자연적 종교성에 대한 거부를 통해서뿐 아니라, 그것과의 접합과 지양止揚을 통해서도 자신의 신앙을 증거했다. 이렇게 교회는 신경 안에서 "축복하시는 신" 곧 창조주와 구원사의 "구원하시는 하느님"을 동일시함으로써 이스라엘의 발걸음을 따라 걸었다(C. Westermann). 온갖 자연적 종교성(이것은 무엇보다도 인간에게 복을 주는 창조의 신과의 관계를 모색한다)과의 통합의 의의는 물론 파스카 신비의 구원하시는 하느님, 예수의 삶·죽음·부활 안에서 당신을 드러내신 하느님께 대한 신앙으로 사람들을 이끌어가는 데 있었고 지금도 그러하다. 그러나 이러한 의도는 그러한 자연적 종교성이 그 모든 잠정성에도 불구하고 교회 **안에** 정당한 자리를 가질 것을 전제한다.

---

[85] Bischof W. Kempf, Für euch und für alle. Fastenhirtenbrief, Limburg 1981, 특히 89쪽 이하 참조.

내 생각에는 인생의 특정한 상황(순전히 습관이나 사회적·가정적 압력 때문인 경우는 제외하고)에서만 교회의 서비스를 요구하는 대부분의 현대인들은 일종의 "자연적 종교성"의 대표자들이다. 삼위일체론·그리스도론·교회론적 신조들에 별 관심도 없고, 그렇다고 그것들을 대놓고 부인하지도 않으면서, 그들은 그저 특별한 계기에 자신과 특히 자녀들을 위해 하느님의 축복을 간청한다. 초월적 존재에 대한 그들의 관계가 도무지 모호하고 산만할지언정, 아무튼 그들은 자신들의 삶이 위험에 내맡겨져 있고 전혀 안전장치가 되어 있지 않다는 것을 거듭 새삼 느끼며, 그래서 일종의 종교적 안전성을 — 바로 그들이 교회에 속해 있다는 것을 공공연히 드러냄으로써 — 확신하고자 하는 욕구를 지니고 있다.[86] 그들이 그 어떤 이단 종파나 돈 밝히는 단체(예를 들어 옛 동독 지역에서 널리 시행되고 있는 성년식을 주관하는)가 아니라, 아무튼 그래도 그리스도 교회들을 찾는다는 사실은 신학적으로 온당하다고 생각되며, 또한 복음선포의 연결고리로서 고맙게 인지·포착되어야 한다. 지금까지 말한 이유 때문에 나는 이러한 소극적 신앙인들 집단에 대한 충분한 긍정을 단호히 옹호하며, 그들을 초대하는 개방적이고 우호적인 교회의 모습을 그들에게 전달하고자 한다.

이러한 일은 물론 많은 적극적 그리스도인들에게 그들의 모범적인 **관점들**을 상당히 **수정**할 것을 요구한다. 세례를 받은 수많은 "교회에서 멀리 벗어서 있는 사람들"을 더 이상 핵심 공동체의 관점에만 입각하여, 경멸받을 만한 "카드함 송장들", "세례 증명서 그리스도인들", 세례는 받았으나 회심하지는 않은 "이교도들"로 간주해서는 안된다. 그들을 무엇보다도 **그들 자신**의 관점에 터하여 판단

---

[86] "Sakramentenpastoral im Wandel" (Die deutschen Bischöfe, Pastoral-Kommission 12), Bonn 1993, 21쪽 참조. 이것에 대한 사목자들의 입장 표명은 Anzeiger für die Seelsorge (1994) 598-602쪽에 실려 있다.

하는 것이 중요하다. 즉, 자체 안에 많은 편차가 있는 "공감하는 사람들" 혹은 바로 "소극적 구성원들"의 광범위한 장場으로 말이다. 그들은 교회라는 제도와 교회가 옹호하는 가치들이 우리 사회 안에 존재하는 것을 참으로 원하며, 때로는 교회가 제공하는 것에 의지하고자 한다. 그러나 대체로 적극적 그리스도인이 되기 위해 재교육을 받을 생각은 전혀 없다(우리가 성사 교리교육의 테두리 안에서 그들에게 너무나 바라는 바이지만). 만일 우리가 우리 자신의 의도를 상대화하지 않고 또 우리로선 실로 매우 실망스러운 **그들의** 관점들에 진지한 관심을 기울이지 못한다면, 우리는 결국 아마도 우리 문화권 사람들과의 가장 중요한 연결고리 가운데 하나를 잃어버리게 될 것이다.

ㄴ. 성사사목의 심각한 상황

물론 — 이제 말하는 것은 바람직한 사목의 두번째, 똑같이 중요한 측면이거니와 — 다른 관점들에 대한 존중이 신앙, 교회 그리고 성사聖事들에 대한 **우리의** 관점들과 우리의 정체성의 포기를 의미하는 것은 결코 아니다! 그와는 반대로, 우리는 대결을 회피해서는 결코 안된다. 왜냐하면 바람직한 그러나 또한 매우 전투적인 대화는 필연적으로 남의 것에 대한 개방과 자기 것에 대한 확고부동함 사이의 긴장으로부터 자양분을 얻기 때문이다. 이 말이 지금 우리의 맥락에서 의미하는 것: 많은 사람들이 인생의 특정 상황에서 교회를 통한 하느님의 축복을 갈망하는 동기들은, 그들이 간청하는 **성사**로써 부응해 줄 만한 것이 못 되는 경우가 많다. 만일 우리가 성사를 아주 평가절하하여 사실상 어린이와 병자들에 대한 축복, 재의 수요일에 재로 이마에 십자가 긋는 일, 블라시우스 강복, 장례식 등과 똑같은 (좀더 엄숙하고 준비와 집전에 더 노력이 필요하지만) 등급에 놓으려고 하지 않는다면 말이다(만일 그렇게 한다면, 교회의 성사 이해에 공감하는 사람들에게 심히 부정적인 영향을 끼칠 것이다!). 만일 우리가 공의회 이후의 성사신학 전체를 폐기하고, 그리하여 마치 성사를 교회적인 특별한 결과를 가지지 않는 그저 개인적인 "구원의 수단"인 듯이 취급하려 하지 않는다면 말이다. 그 대신 만일 우리가 성사를 수호하고 또 가장 오랜 전통에 터하여 성사를 교회의 자기실현의 근본방식으로서 ― 무엇보다도 예수의 부활과 교회의 정체성 확립이라는 원천에서 유래하고, 예수 그리스도의 파스카 신비와 그분의 몸(교회)에의 참여를 보증하는 것으로서 (물론 그것에 대한 명시적 믿음을 전제한다) ― 실천하고자 한다면, 그렇다면 우리는 교회의 변화된 사회적·문화적 상황 안에서, 성사사목을 "가톨릭 동아리(환경)들"의 시대에서처럼 우악스럽게 수행해 나갈 수는 없다.

 25년 전까지만 해도 대부분의 사람들은 성사 수령 전후로 교회와 규칙적이고 공개적인 일정한 관계를 지니고 있었고, 이러한 관계가 그때그때의 성사에 교회론적인 "삶의 자리"Sitz im Leben를 부여했다. 그런데 바로 이런 일이 오늘날에는 갈수록 드문 경우가 되고 있다. 교회의 소극적 구성원으로서 혹은 소극적 부모의 자녀로서 "인생의 전환기들"에 성사를 수령하는 사람들은, 그러한 행사나 매우 강도 높은 교리교육 이후에도 일반적으로 교회와의 관계에 여전히 소극적이다. 그래서 나는 성사 그리고 성사 교리교육과 관련하여 흔히 사용되는 (앞에서 언급한 독일 주교들의 서간에도 나오는) "길 은유"는 매우 모호하다고 생각한다. 그 은유는 갈수록 현실에 맞지 않는다. 거기서 말하는 신자들 대부분에게 그러한 행사들은 형편 따라 가끔 교회와 만나는 기회일 따름이며, 거기에서 그들과 교회를 결합시키는, 함께 걸어가는 무슨 "도정" 같은 것은 거의 포착되지 않는다.

해가 갈수록 증대해 가는 방방곡곡 교리교사들의 실망과 좌절은 그러므로 전적으로 이해할 만하다. 그러나 그러한 실망과 좌절은 흔히는 우리가 적시適時에 교훈적인 **교리교육**을 실시한다면, 성사를 수령코자 하는 "교회에서 멀리 떨어져 있는 사람들"의 기대와 교회에 적극적으로 헌신하는 사람들의 기대 사이의 균열을 메울 수 있으리라는 경건한 자기 기만에 사로잡혀 있기 때문에 생겨난다. 한쪽은 대개 — 세례·첫영성체·견진·혼인 성사라는 이름 아래 — 자신과 가족을 위한 성대한 의식儀式의 교회의 축복을 원하고, 다른 한쪽은 성사와 그 준비를 통해 사람들을 그리스도와 그분의 교회로 인도해 가거나 최소한 그리로 가는 길로 이끌어가고 싶어한다.

우리는 우리의 복음선포의 한계를 갈수록 절감하고 있다. 매우 훌륭하고 오랜 교리교육도 장기적으로는 이 균열을 메울 수 없다. 그것은 무엇보다도 우리가 그 사람들의 사회적·문화적 상황과 또 거기에 기인하는 신앙·교회·성사에 대한 그들의 동기와 표상들을 흔히는 거의 진지하게 받아들이지 않기 때문이다. 그와는 반대로 우리는 그들로 하여금 **우리의** 표상과 동기들을 수용하게 만들려고 지나치게 애를 쓴다. 그러나 그들은 대개 그렇게 할 마음도 없고 또 그럴 능력도 없다. 그들은 성대한 의식에 참여하기 위해, 교리교육에서 가르치는 것과 여타 준비 사항들을 어느 정도 기꺼이 받아들이기는 하지만, 또한 그들 대부분은 그 모든 것이 빨리 끝나기를 고대한다. 성사 수령과 관련된 표상과 기대에 있어서 양측의 실제적인 대립을 교리교육이 간과하는 것은 필연적으로 양측 모두에 대한 침해를 야기하고, 이것은 서로간의 거리를 더욱 멀게 만든다.

북미의 개신교 신학자 조지 린드벡은 이러한 현상의 특징을 다음과 같이 기술하고 있다:

사회학적 연구 조사에 의하면, 매우 많은 소극적 그리스도인들이 자신들도 교회에 열심히 나가는 경건한 그리스도인들과 똑 마찬가지로 그리스도교적이라고 주장한다. 그런데 흥미로운 사실은, 그들 중에 사후死後의 삶을 부인하고 창조주의 존재도 거의 인정하지 않는 사람들조차도 그런 주장을 한다는 것이다. 그들에게 예수 그리스도는 하느님의 아들이 아니며, 그들의 예수상은 매우 비성서적이기조차 한데, 그러면서도 그의 이름은 그들 정체성의 한 부분을 이루고 있다. 그들은 교리교육에 대해서는 면역이 되어 있으나, 복음을 실존주의적·심층심리학적 혹은 해방신학적 언어로 번역하는 것에는 때때로 관심을 기울이는 바, 그러한 언어가 그들의 잠재적 그리스도교성을 표현하고 있다.

  오늘날의 상황에서 효과적인 교리교육이 불가능한 것은, 부분적으로는, 종교적 언어에 대한 얼마간의 지식을 아예 종교에 대한 지식으로 간주하는 암묵적 인정의 결과다(아무도 라틴어에 대한 그러한 인정을 입밖에 내지는 않을 테지만). 그러나 진짜 중요한 요인은 뭐니뭐니 해도 탈그리스도교화가 심화되어 가는 이 시대 교회들의 특성에 있다. 선교가 널리 행해지던 시대와는 달리 오늘날 교회들은 지배적 문화를 꼴짓는 대신 그것에 순응하고 있다. 사실 교회로서는 그럴 수밖에 없는지도 모른다. 아무튼 그렇게 함으로써 교회들이 다수의 사람들을 어찌어찌 포섭할 수 있을지는 모르지만, 그러다 보면 싫든 좋든 나수의 성향에 자신을 맞출 수밖에 없다. 그러나 그것은 교회들로 하여금 자신들의 자녀인 주의깊은 교리 연구자들의 마음조차 끌기 어렵게 만든다. 그리고 만일 그 일이 성공적으로 이루어지는 경우에도, 교회들은 대개 효과적인 교리교육을 명백한 그리스도교적 언어와 실천을 통해 수행할 능력은 전혀 없음을 드러내고 있다. 그래서 예를 들어 "미국식 삶의 방식"의 대안을 모색하는 사람들은 교회 대신에 동양 종교들 혹은 그리스도교적 근본 경향의 잡다한 스펙트럼에 관심을 기울이게 된다. 아마도 이러한 상황은 탈그리스도교화 과정이 끝까지 계속되거나 혹은 ― 가능성은 훨씬 적지만 ― 완전히 전도될 때까지 달라지지 않을 것이다.[87]

린드벡에 따르면, 이러한 상황은 서구문화권 안의 그리스도교가 "찝찝한 과도기", 즉 "예전에는 문화적으로 확고히 자리잡고 있었고, 지금도 아직은 자리를 완전히 빼앗기지는 않은"[88] 시기에 처러야 할 값이다.

ㄷ. 대응책

아마도 우리가 이러한 추세를 우리 힘으로 반전시킬 수는 없다 하더라도, 아무튼 우리는 그저 수동적이거나 체념적으로 방임해서는 안된다. 최소한 우리는 사람들의 마음을 끄는 개방적인 교회가 동시에 자신의 그리스도교적 정체성을 이러한 문화적 과도기에도 확실하게 보존하기 위해 어떻게 노력하는지를 표지적으로 보여주는 단호한 수단을 강구할 수 있다. 그것을 위해 세 가지 **제안**을 하거니와, 이것들은 장기적으로 볼 때 물론 본당이나 교구의 경계를 멀리 벗어나는 합의와 공동작업을 크게 요구한다.

① 전례의 다양화 · 차별화

온갖 종교적 기대들을 그저 이런저런 성사로만 충족시키려 하지 말고, 창조적 상상력을 동원하여 장중한 전례적 축복 의식의 레파

---

[87] George Lindbeck, Christliche Lehre als Grammatik des Glaubens. Religion und Theologie im postliberalen Zeitalter, Ed. Chr. Kaiser, Gütersloher Verlagshaus, Gütersloh 1994, 196쪽.

[88] 상동.

토리를 확대하고 다양화·차별화하는 것이 매우 중요하다.[89] 신자들의 의식 속에 (맨숭맨숭한) 말씀 위주 전례와 (경사스러운) 성사 위주 전례 사이의 양자택일만이 자리잡고 있는 한, 신자들은 당연히 후자를 선호하게 마련이다. 그러나 우리가 사람들에게 깊은 인상을 주는 상징·몸짓·노래 등으로 구성된 많은 전례 의식들을 만들어낼 수 있다면, 최소한 사람들이 그것들 중에서 자신의 신앙 상황에 더 적절한 의식 형태를 인지·선택할 수 있는 기회는 더 많아질 것이다. 우리는 언제나 신자들이 그렇게 하도록 고무하고 동기 부여를 해야 한다. 그러나 최종적으로 어떤 형태를 선택할 것인지의 결단은 그들 자신이 내려야 한다(명백한 불신앙 때문에 우리가 "비상 브레이크"를 밟아야 하는 경우가 아니라면).

② 대화를 통한 신앙 상황의 명료화

그러므로 나는 그러한 교회적 의식을 준비함에 있어 교회의 신앙에 관한 교리교육을 지나치게 강조하는 대신, 대화를 통해 성사를 받고자 하는 사람들로 하여금 신앙과 삶의 상황에 대해 예리한 의식을 가지게 만드는 것이 훨씬 의미있다고 생각한다. 그들을 고무·격려하여 성사를 수령하고자 하는 동기를 솔직하고 성실하게 진술하도록 해야 한다. 그러나 또한 교회의 성사관을 가지고 그들과 대결하는 것도 중요하다. 그렇게 함으로써 그들로 하여금 사회적으로 높이 평가되는 진실성이라는 가치("나는 나 자신에게 정직해야 한다")를 종교적인 문제에서도 인식하게끔 이끌고, 습관이나 나이 많은 친척들의 압력 때문에 행사가 끝나고 나면 흐지부지될 경건한 연극은 하지 않게끔 해야 한다. 그러한 대화를 통해 교회적 의식의 특정 형태를 선택하는 기준들도 함께 찾아낼 수 있고, 이것

---

[89] 우리의 전례 연구소들의 시급한 과제에 관하여 "Sakramentenpastoral im Wandel", 21쪽 이하를 참조할 것.

은 개개인들로 하여금 더 손쉽게 결단을 내리도록 도와 줄 것이다. 그러는 가운데 아마도 신앙과 교회에 대한 지속적인 관심의 불꽃도 교리교육에서보다 더 잘 타오를 것이다. 교리교육은 진득하게 "요점을 포착"하기에는, 그때그때의 각기 다른 상황과 동기들을 너무나 빨리 훑고 지나가버리는 경우가 많다. 전체적으로 볼 때 다양화와 차별화 그리고 정직성에 관한 감수성을 깨워 일으키는 일의 성공 여부는 우호적인, 그러나 또 한편으로는 단호한 중재 양식에 크게 좌우된다.

③ "그후의" 교리교육

지금까지의 고찰이 성사에 관한 교리교육을 없어도 좋은 것으로 만드는 것은 결코 아니다. 나는 단지 그 교육을 다른 자리에, 즉 교회의 축복 의식이나 성사 집전 **후에** 배치하려는 것뿐이다. 왜냐하면 사람들이 참으로 성사를 그럭저럭 교회의 성사관의 의미 안에서 수령하는지 아닌지는, 오늘날의 상황에서는 대체로 그런 의식이 끝난 후에 비로소 드러나기 때문이다. 다시 말해 그들이 어느 정도나 예수 추종의 길을 그분의 교회 **안에서** 실제로 걸어가고자 하는지를 통해 뚜렷이 드러나기 때문이다. 그러한 의지가 교회적으로도 인정할 만한 실천을 통해 어느 정도 분명히 드러날 때에야 비로소 집중적인 교리교육이 의미가 있으며, 그러한 교육은 세례·첫영성체·견진·혼인 성사 **사이**의 기간이 참으로 가족들을 위해 교회가 함께 걸어가는 "도정"이 되게 한다. 이러한 동반 없는 성사 수령 전의 교리교육은, 졸업장을 받기 위해 그 과목을 참아내지만, 나중에 그 모든 것을 다시 잊어버려도 된다는 사실을 몹시 기뻐하는 저 학생들을 위한 수학 수업과 다를 것이 전혀 없다.

ㄹ. 개개 성사들의 구체화

그러면 이 제안들을 실천에 옮긴다는 것은 구체적으로 무엇을 의미하는가? **혼인**성사를 가지고 이야기를 시작하는 것이 좋을 것 같다. 왜냐하면 혼인성사는 엄밀히 말해 처음으로 종교적 입장에 관해 비교적 자주적으로 숙고하고 미래를 위해 결단을 할 수 있는 위치에 이른 젊은 성인들과 관계된 일이기 때문이다. 그러므로 여기서는, 물론 시간을 요구하는 솔직하고 진지한 대화를 통해, 성사들에 대한 다양하고 차별화된 관계를 가장 잘 이해시킬 수 있다.

성사적 혼인을 위한 교회의 신앙에 맞갖은 전제조건들이 충족되어 있지 않고 또 그것들을 "신부 학교" 등을 통해 충족시킬 수도 없는 그런 경우에는(사실 이것이 갈수록 일반적인 경우가 되고 있다), 세례와 견진 성사를 받았다는 단순한 외적 사실에 ― 그것만으로도 이미 혼인성사(이것도 사실 유효한 결혼을 위해 요구되는 것이다)를 받을 자격이 있다는 식으로 ― 큰 비중을 두어서는 안된다고 나는 생각한다. 왜냐하면 그런 사람들의 실제적인 신앙적·교회적 상황이 세례받지 않은 사람들의 상황과 다를 것이 전혀 없는 경우가 많기 때문이다. 그러한 경우에 교회가 호적 사무소에서의 결혼을 성사가 아닌 다른 의식을 통해 축복을 해주는 식으로 한다면, 사목적으로 훨씬 융통성을 지닐 수 있을 것이다. 그렇게 한다면, 한편으로 혼인성사에 대한 은히는 너무 헐서운 허락과 나른 한번으로 이 혼인에 대한 교회의 매우 골치아픈 무효 선언 사이의 터무니없는 모순도 상당히 제거될 뿐 아니라, 그러한 축복 의식으로부터 완전한 혼인성사에 이르기까지 교회가 동반하는 공동 도정道程의 기회도 현저히 증대할 것이다. 더 나아가 나는 사목자들과의 다양한 대화를 통해 젊은 부부들이 그러한 의식들을 ― **만일** 그것들이 장중하고 경사스러운 교회 전례의 테두리 안에서 집전될 수 있다면 — 전혀 꺼려하지 않는다는 사실도 알게 되었다.

첫영성체와 **견진성사**에 있어서도 앞에서 예시한 식으로 강조점을 조심스럽게 옮겨놓을 수 있다고 생각한다. **소극적** 교회 구성원들의 종교성이 성사 준비 과정의 분위기를 갈수록 강하게 좌우하는 본당에서는, 가령 첫영성체나 견진성사 지원자를 **연중행사식**으로 모집하는 일은 가능하면 그만두어야 한다. 그렇게 하면 지원자 숫자는 많이 늘릴 수 있겠지만, 개인적이고 창조적인 동기 부여의 가능성은 훨씬 줄어들 것이다. 문제는 바로 이것이다. 둘 중 어느 것을 원하는가? 우리는 결단을 내려야 한다. 우리는 더 이상 두 가지를 한꺼번에 얻을 수는 없다. 첫영성체 교리 기간도 그런 본당에서는 의미있는 방식으로 단축시킬 수 있을 것이다(예를 들어 대림절부터 백일요일까지). 그리고 주말에 "평범하고" 성서에 바탕을 둔 놀이들로 이루어진 다양한 집단 수업 형태의 작은 "프로젝트"식으로 교리교육을 하면서 가족들과 함께 축제를 준비하고, 아이들(그리고 그들의 부모들!)을 놀이와 이야기를 통해 예수라는 인물에게로 이끌며, 교회의 몇 가지 기본 기도문을 가르치고, 친교에 대한 감수성과 본당의 어린이·가정 사목에 대한 친근감을 첫영성체 **후에도** 가지게 만드는 데 중점을 둘 수 있을 것이다(견진성사 준비에 관해서도 비슷한 이야기를 할 수 있다).[90]

교리교사들과 협력자들은 최소한 첫영성체나 견진성사 **이전**에 그랬던 것과 똑같은 정도로 그 **이후**에도 사람들의 마음에 깊은 인상

---

[90] 첫영성체 준비 과정에서 어린이와 부모들을 위한 다양하고 세분화된 기획들의 훌륭한 효과가 갈수록 많은 본당에서 입증되고 있다. 거기서는 당사자들 자신이 길거나 짧은 또 강도 높거나 평범한 안내 교육들 중에서 선택을 할 수 있는데, 아무도 우대나 차별 혹은 억압당한다는 느낌을 받지 않고 있다. 뮨스터에서는(물론 다른 곳에서도) 견진성사 준비에 있어서도 시 구역 여러 본당이 함께 참여하는 여러 가지 다양하고 차별화된 기획들이 좋은 평판과 효과를 얻고 있다. 창조적 상상력과 광역적인 공동작업은 성사사목에서 "성공체험"을 안겨줄 수 있다.

을 주는 가정·어린이·청소년 사목에 열의를 보이는 것이 중요하다고 나는 생각한다(예를 들어 연령별의 "복사服事 문화", 젊은이들을 위한 사회적 프로젝트, 떼제 동아리, 젊은 가정의 종교교육을 위한 대화 프로그램 등을 통해). 그러한 테두리 안에서 더 발전된 성체·고백·견진 성사에 관한 교리교육도 그것들 나름의 교회적·사회적 공간을 가질 수 있다. 이러한 구상의 (아마도 아직은 유토피아적인) "장기적인 목표"는 예를 들어 (길건 짧건) 준비 과정을 함께 한 모든 사람들을 위한 백白일요일 오후에 둘 수도 있다. 첫영성체는 좀더 늦은 시기에, 백일요일 이후의 다른 축일에 본당 미사에 참례하러 오는 (어떤 식으로든지 어린이 사목에 관련되어 있는) 사람들과 함께 거행할 수도 있을 것이다. 견진성사 — 이 성사는 지원자들의 동기나 인식 면에서 보건대, 어디서나 가장 "몰락한" 성사다 — 에 대해서도 비슷한 구상을 할 수 있을 것이다.[91]

세례성사의 경우에는 세례에 관한 심오한 신학과 통상적 실천("교회에서 멀리 떨어져 있는" 신자 가정의 아이들도 일률적으로 세례를 받는다) 사이의 균열을 메운다는 것은 지금으로서는 너무나 어렵다고 생각한다. 왜냐하면 바로 세례가 우리 사회에서 문화적으로 여전히 가장 많은 신화적·신학적 잔고殘高를 지니고 있으며, 그로 말미암아 "구원을 보증하는" **바로 그** 표지 — 어떤 일이 있더라도 어린아이들에게서 부당하게 박탈해서는 안되는 — 로 널리 간주되고 있기 때문이다. 더 나아가 세례는 교회 구성원 신분을 자동적으로 얻어주고 또한 그로써 교회 유치원에 들어갈 수 있는 자격뿐

---

[91] 이로써 그리스도인들을 두 가지 "계급"으로 나눈다는 반론은 별 효력이 없다. 왜냐하면 이 두 "계급" — 곧 적극적 구성원들과 소극적 구성원들 — 은 교회적·사회적으로 이미 오래 전부터 존재해 왔고, 소극적 구성원들도 자신들의 구성원 존재 양식을 완전히 정당한 것으로 간주하고 있기 때문이다. 내 제안은 단지 이미 존재하는 이 분화 현상을 성사사목을 통해 계속 은폐할 것이 아니라, 오히려 공개적으로 인정하고 책임성있게 대처하자는 데 목적이 있다.

아니라, 그 의미내용을 믿건 아니 믿건 여타 성사들을 수령할 수 있는 자격도 부여해 준다. 이 성사에서도 특정 의식들을 따로 떼어낼 수 있으니, 곧 어린이와 부모들에 대한 축복, 교회에의 수용, 세례교리교육에서의 바람직한 동반을 위한 의식들이 그것이다. 우리는 대화를 통하여 부모들에게 그러한 의식들을 권고하고, 그로써 세례성사에 관한 통상적인 이해를 좋은 의미에서 "탈신화화"脫神話化하기 위해 진력해야 한다.

이러한 관점에서 세례받는 아이들의 조부모들이 어린이 사목에 잘 따라주는 것이 매우 중요하다고 나는 생각한다. 왜냐하면 조부모들은 대개 — 교회에 대한 부모들의 입장과는 전혀 관계없이 — 아이들이 반드시 세례를 받도록 여전히 가장 큰 압력을 행사하기 때문이다. 우리가 (가령 본당의 노인 모임에서 이 주제에 관한 규칙적인 대화를 통해) 아이가 세례를 받지 않아도 하느님은 아이를 무조건 사랑하시며, 그러므로 아이가 세례를 받지 않은 채로 갑자기 죽는다 해도 결단코 지옥에 떨어지지는 않으며, 반대로 아이가 세례만 받고 그후에 부모와 대부모가 교회적 신앙 실천(예컨대 부모와 아이의 공동기도 등)을 행하지 않는다면 세례는 결코 "구원의 보증"이 아니라는 것을 조부모들에게 분명히 납득시킬 수 있다면, 여기서도 다양화·차별화된 여러 가능성들을 제공·선택하기가 더 쉬워질 것이다.

그러나 추측건대 아무래도 이러한 다양화·차별화에 대한 반발은 매우 극심할 것이다. 그렇다고 해서 이 시점에서 그 문제로 지나친 대결을 벌이는 것은 거의 의미가 없다. 그러한 대결은 교회에 대한 매우 강력한 반발을 야기하고 또 우리 자신으로부터도 앞으로의 복음선포를 위한 거의 모든 연결고리들을 앗아감으로써, 우리에게 극히 반反생산적인 결과로 끝날 것이 확실하다. 여기서는 그저 현명하게 요모조모 따져보고, 다양화·차별화의 장기적 목표를 시야에서 놓치지 않으며, 또한 문화적 발전 과정을 예의 주시하는 것이 중요하다. 아마도 문화적 발전 과정은 시간이 흐르면서 상황에 더 적합한 세례사목의 많은 가능성들(예를 들어 비징거[92]의 제안인, 자녀의 세례와 첫영성체 사이에 젊은 가정을 위한 규칙적인 "가족 교리교육" 등)을 우리에게 선사해 줄 것이다. 또한 아이들은 언젠가는 자신의 세례에 관해 스스로 결단을 내려야 한다는 신념이 특히 소극적 교회 구성원들에게서 갈수록 확고해져 가고 있다는 (왜냐하면 이들은 그렇지 않아도 종교적으로 자녀들에게 많은 것을 줄 능력이 없고 또 그렇게 하려고도 하지 않기 때문에) 사실도 물론 염두에 두어야 한다.

지금까지 구체화를 위한 몇 가지 제안을 살펴보았다. 나는 거의 20년 동안 한 본당과 아동복지 기관에서 어린이와 청소년 사목에 종사해 왔기 때문에, 이 제안들이 얼마나 단편적이고 가설적인지 스스로 너무나 잘 알고 있다. 또한 구체적인 **개개의 경우** 그러한 다양화·차별화가 주요 문제로 대두될 때 생겨날 난점과 저항들도 익히 알고 있다. 특히 국가에서 거두어가는 교회세稅라는 제도는 널리 만연되어 있는 정신상태("나는 착실히 세금을 내므로, 교회가 제공해야 하는 모든 것을 누릴 권리 또한 있다. 믿음이야 형편이 어떻든")를 고착화시키고 있다. 그럼에도 불구하고 여러 독일어 사용 교구들의 주요 직무 종사자들과의 많은 대화는 나로 하여금 앞에서 예시한 방향 안에서 계속 숙고하고 실험해 보는 것은 의미가 있다는 확신을 가지게 했다. 결국 참으로 중요한 문제는 미래를 위해 더 **솔직하고 성실한** 교회, 또 그럼으로써 더 신뢰할 수 있는 교회가 되는 것이다. (예컨대 전방위적全方位的 성사 수여의) "제도화를 통해" "의견 일치를 효과있게 과대포장"(N. Luhmann)하는 것이 성공하던

---

[92] A. Biesinger, Kinder nicht um Gott betrügen, Freiburg ⁵1995; 같은 저자, Erstkommunion als Familienkatechese, in: Christ in der Gegenwart, Artikeldienst, 1995 참조.

시대는 가톨릭 세계의 몰락과 더불어 결정적으로 지나가버렸다. 다양화·차별화된 교회 풍경은 다양화·차별화된 사목을 요구한다. 그것은 우리가 우리 문화 안에서 교회의 새로운 모습을 찾아 길을 나서기 위해, 오랫동안 익숙해 있던 많은 길을 냉정하고 용기있게 버릴 수 있느냐에 크게 좌우된다.

4. "상호소통적 신앙 동아리들"의 증대하는 중요성

ㄱ. 함께하는 신앙의 공간들

더 광범위한 영역에서 인지되는 교회의 사회적 형태의 이러한 변화와 나란히, 다행히도 "밑바닥" 영역에서 ("평범한" 본당들 안에서든 혹은 본당과는 관계없이든) 미래를 배태한 몇 가지 전개 과정이 두드러지게 눈에 띄거니와, 그것들을 (특히 주요 직무 담당자들이) 더 의식적으로 인지·동반하는 것이 매우 중요하다. 이 과정들은 흔히 후현대적 문화 속의 "종교생산적" 요소(K. Gabriel)라는 말로써 이해되고 있는 것과 관련되는데, 교회 내적으로는 특히 새로운 영성운동들 안에서(물론 다른 곳에서도!) 널리 퍼져나가고 있다. 내가 "상호소통적 신앙 동아리들"Kommunikative Glaubensmilieus이라고 지칭하는 함께하는 신앙생활의 이 새로운 양식들이 본당 공동체들 안에 더욱 많이 통합될수록, 본당 공동체들이 영성이나 상호소통 면에서 메마르지 않고 오히려 일반적 추세에 맞서 일종의 (별로 눈에 띄지 않겠지만 어쨌든 생생한) 역逆강조Gegenakzent를 수행할 가능성은 그만큼 더 높아질 것이다. 또한 앞에서 윤곽을 그려본 "독특한 측면을 지닌 공동체들"도 그 중심과 근저에 살아 있는 신앙을 지닌 그러한 작은 세포들이 성장하고 있을 때만, 장기적으로 보아 천박한 종교적 "체험 공간"으로 전락하지 않을 수 있을 것이다.[93] 그러면 그러한 "신앙 동아리들"의 몇 가지 중요한 **특징**을 제시하기로 한다.

---

[93] 이 일을 개개 본당 공동체들과 그 책임자들의 능력이나 주도권에만 맡겨놓아서는 결코 안되며, 오히려 조직적으로 뒷받침하고 확대해야 한다는 사실은 예를 들어

① "관계교회"

이 말은 이 동아리들이 개개인 상호간에 자유롭고 의식적으로 맺은 관계에 의거하고 있음을 나타낸다. 여기서는 지역 공동체들의 경계는 상대화된다. "관계교회"Beziehungskirche라는 적절한 표현은 니엔티트K. Nientiedt가 만들어 낸 것이다.[94] 이 말 속에는 한편으로 개인들의 결단에 의거하고 있는 공동체의 귀중한 가치에 대한 오늘날의 높은 평가와, 다른 한편으로는 또한 일차적으로 관계에 바탕을 둔 교회 형태("관계상자"Beziehungskiste)의 자칫하면 깨어지기 쉬운 위험성에 대한 우려가 함께 담겨 있다. 그러나 어쨌든 "관계교회"는 사람들의 **자발적**인 동의에 의거한 자유로운 성격 때문에, 오늘과 내일의 교회성을 구현하는 하나의 적절한 양식으로 보인다.

② 전기적 신앙

그러한 동아리들에서는 사람들이 개인적인 삶과 신앙의 상황, 즉 그들 고유의 "신앙의 전기(傳記)"를 서로 털어놓고 이야기하며, 그리하여 교회의 보편적 신앙이나 삶과 교차시키는 일이 더 손쉽게 이루어질 수 있다. 이러한 일은 특히 신앙 그리고 신앙과 삶의 관계에 대한 공동 대화, 성서 대화, 인격적인 기도와 예배, 공동 묵상과 기도를 통해, 그리고 이런 것에서 힘을 얻어 본당, 고통당하는 사람들, 혹은 현실적인 사회 문제들을 위해 창조적 활동을 수행함을 통해 이루어진다.[95] 결국 언제나 관건이 되는 문제는 신앙체험을 위한

소위 "로텐부르크 모델"이 잘 보여주고 있다. 이 모델은 로텐부르크·슈투트가르트 교구가 입안하고 함께 동반한 수년간에 걸친 본당 공동체 쇄신·발전 계획인데, 필경 다른 교구에도 이와 유사한 조직화된 새로운 계획들이 있을 것이다.

[94] Herder-Korrespondenz 46 (1992) 489-91쪽 참조.

[95] 다양한 주제와 "형식적 소재들" — 이것들 아래 그러한 동아리들이 모여든다 — 을 통해 다종다양한 영적 단면(Profil)들을 지니고 있는 신자들의 마음에 깊은 감명을 주는 것이 중요하다고 나는 생각한다.

공간을 열어주는 일이다. 그 안에서는 종교적 경영經營, 조직, 익명성 등이 분위기를 지배하는 것이 아니라, 오히려 우리 현실의 "거룩한 비밀"(K. Rahner)에 대한 감수성, 모든 것의 근저에 현존하는 이 불가해한 사랑에 대한 감수성이 분위기를 꼴짓는다. 신앙의 **개인화**는 신앙의 **인격화**(즉, 하느님과의 그리고 인간 상호간의 인격적 관계 수립)로의 승화를 통해서만 저지·극복될 수 있다. 이것이 사제들과 여타 주요 직무 종사자들이 ― 만일 그들이 참으로 자신들을 사목자로 이해한다면 ― 수행해야 할 중심 과제의 하나라고 나는 생각한다. 아무튼 오늘날 사람들은 바로 이것을 그들에게 기대하고 있는데, 마땅하다 할 것이다.

③ 새로운 "환경들"

이러한 새로운 공동체 양식들은 신앙과 예배를 전혀 평범한 삶의 실천(예를 들어 공동의 일요일 계획, 공동 식사, 잔치, 여행, 놀이 등)의 테두리 안으로 통합시키며, 그리하여 신앙과 예배에 찍혀 있는 주일과 축일의 낙인을 지워준다. 이 동아리들은 그런 일들을 전통적인 "동아리 가톨릭주의"Milieukatholizismus로부터 (선택적으로) 넘겨받는다. 그러한 환경 없이는 이 동아리들은 자칫하면 비교秘敎나 엘리트주의로 흐르기 쉽다.

④ 가난한 사람들과의 친교

이 동아리들은 (바라건대) 자기 둥지 주위만 에고도는 벽감壁嵌실존Nischendasein의 위험성을 익히 알고 있으며, 그래서 언제나 다시금 새로운 회원들, 새로운 물음과 도전들(특히 가난한 사람들측에서의)에 자신을 개방한다. 바로 자기 나라 안의 빈곤, 그리고 국경 저편의 빈곤을 모르는 체하는 서구 "체험사회들"의 극심한 내향성Introvertiertheit 앞에서, 나는 신앙의 이러한 새로운 사회적 형태들이 직면한 결정적 도전은, 이들이 "가난한 사람들"(각양각색의 외관을 지닌)에게 자신들 한가운데의 공간을 제공하는가, 만일 그렇다면 어느 정도나 제공하는가에 있다고 생각한다. 여기서 실로 중요한 것은 (흔히 그저 자선단체에 떠넘겨 버리는) 가난한 사람들을 **위한** 보살핌 대신, 무엇보다도 가난한 사람들과 **함께하는** 삶, 친구로서 그들과 함께 삶의 기회와 실천들을 나누는 일이다.

주지하다시피 오늘날 우리 사회에서는 결국 봉사가 그리스도교 신앙과 교회가 사회에 받아들여지게 만드는 가장 신빙성있는 요소다. 이러한 연결고리가 참으로 **그리스도교적**인 방식으로 만들어지는 곳에서는, 공동체를 모으고 **또** 파견하는 일이 전혀 새로운 타당성을 지니게 된다. 나의 "방주"(장애인 공동체) 체험에 터하여 주장하고자 한다. 본당이나 여타 그리스도교 공동체들의 일치와 세상에 대한 방사력을 위해 가장 복된 표지는, 바로 가난한 사람들 안에서 "우리 가운데 계시는" 그리스도의 뚜렷한 현존이라고. 예수를 선포함에 있어서 교회의 자기 원천으로의 그러한 "뚜렷한" 복귀는 필경 미래의 신앙 공동체의 가장 매혹적인 모습을 떠올리게 한다. 곧, 하느님과 가난한 사람들의 친교의 상징으로 존재하는 것 말이다.

ㄴ. 이른바 "새로운 영적 운동들"

그러한 "상호소통적 신앙 동아리들"의 특히 눈에 띄는 형태는 물론 "새로운 영적 운동들"이다. 이 운동들은, 현대의 개인주의화라는 환경 안에서 단호히 교회적 "친교"를 살아가려 노력하는 한, 오늘날의 문화적 상황의 도전에 대한 참된 그리스도교적 응답이 될 수 있다. 그러한 운동들의 예: 떼제 공동체와 그것이 뒷받침하는 영성 센터, 샤를르 드 푸꼬Charles de Foucauld의 영성에 터하여 살아가는 장애인들과의 생활공동체 방주Arche, 이냐시오의 영성수련 전통과 예전의 마리아 협회Marianische Congregationen (MC)의 전통 안에 있는 그리스도교적 삶의 공동체Gemeinschaften christlichen Lebens (GCL), 프란치스코 공동체 Franziskanische Gemeinschaft (FG), 유럽 예수회 의용군Jesuit European Volunteers (JEV), 공동체 쇄신을 위한 성령운동, 포콜라레, 꾸르실료, 새로운 교리교육 운동, 액션 365, 젊은 선교사 동아리Kreis junger Missionare (KIM), 더 나은 세상을 위하여(P. Lombardi), 통합된 공동체들, 성모님의 선발대, 메리지 엔카운터, 진복선언 공동체, 쉔슈타트 운동Schönstatt-Bewegung 등등.[96] 그러면 이 운동들이 오늘날의 교회 상황에서 어느 정도나 희망의 특별한 표지로서 평가될 수 있을까?

① 특징적 표지들

일반적인 언어 관습에 의하면 사회적 영역에서의 "운동"은 그때그때 당면한 역사적 도전들에 대한 응답으로서, 기존 상황을 "뒤짚고" "뒤흔들고" 변화·쇄신시킴을 의미한다(예를 들어 과거와 현재의 갖가지 정치·사회적 운동들). 신앙의 역사에 있어서도 우리는 예컨대 고대교회의 은수자 운동, 중세의 청빈운동, 19세기의 "가톨릭 액션"(관련된 이름들: 호프바우어Clemens Maria Hofbauer, 세일러Johann Michael Sailer, 폰 바더Franz von Baader, 괴레스Josef Görres 등), 우리 세기

---

[96] 새로운 영적 운동들의 현상학과 신학에 관해서는 특히 다음 문헌들을 참조할 것. W. Schäffer, Erneuerter Glaube – verwirklichtes Menschsein. Die Korrelation von Glauben und Erfahrung in der Lebenspraxis christlicher Erneuerung, Einsiedeln-Zürich-Köln 1983; N. Baumert (Hg.), Jesus ist der Herr, Münsterschwarzach 1987(그 중에서도 특히 K. Lehmann의 논문, Neue geistliche Bewegungen – warum und wozu? 113-27쪽과 P. J. Cordes의 논문, Neue geistliche Bewegungen in der Kirche, 128-49쪽); Fr. Valentin (Hg.), Neue Wege der Nachfolge, Salzburg 1981; J. Müller – O. Krienbühl (Hg.), Orte lebendigen Glaubens, Freiburg i. Ue 1987; Fr. Valentin – A. Schmitt (Hg.), Lebendige Kirche. Neue geistliche Bewegungen, Mainz 1988; Fr. Eisenbach, Der Beitrag der neuen geistlichen Gemeinschaften und Bewegungen in der Kirche heute, in: Jahresbrief 1994 des Kath. Evangelisationszentrums Maihingen, 13-43쪽; M. Kehl, Communio konkret, in: Lebendiges Zeugnis 49 (1994) 57-61쪽.

전반기의 청년운동과 전례운동 등을 알고 있다. 새로운 영적 운동들 가운데 여럿이 그러한 교회적 운동의 전통 안에 자리하고 있는 것으로 보인다. 왜냐하면 우리의 많은 거대한 본당, 교구, 연합회 그리고 여타 교회 제도들이 직면하고 있는 영성의 고갈과 구조적인 과중한 부담에 맞서, 이 운동들은 그리스도교 신앙이 창조적인 사회적 "삶의 공간"을 발견할 수 있는 대안들을 제시하고 있기 때문이다.

영성적 강조점, 교회 내적 입장 그리고 눈에 보이는 모습 등에 있어 서로 매우 큰 차이가 있음에도 불구하고, 아무튼 이 운동들의 몇 가지 공통된 **특징들**을 확인할 수 있다:

a) 이 운동들은, 수도회나 여타 단체들과 비교할 때, **유연한** (그러나 구속력이 전혀 없는 것은 아닌!) **구조**를 지닌 공동체들 안에서 이루어진다. 구성원 신분이 기간(시한부 혹은 일평생)과 의무(다양한 등급)에 따라 다양하며, 또 각양각색의 직업, 연령층, 사회계층, 생활 형편(기혼이건 미혼이건), 더 나아가 교파와 종교까지 포함하고 있다.

b) 이 운동들은 개인적인 신앙의 전기(傳記)를 중시하며, 또한 예수의 진복선언을 따르는 소박한 생활양식 안에서 자신을 표현하는 **상호소통적 공동체 생활**을 영위한다.

c) 이 운동들은 특히 인격적인 기도와 관상에의 몰두, 신앙에 관한 공동 대화, 생동하는 예배, 형제자매로서의 상호 충고, 용서와 화해 등을 통해 언제나 새로이 **총체적인 신앙체험**을 모색한다.

d) 이 운동들은 세속적인 문화 속에서 신앙의 심화와 교회의 쇄신을 위해 봉사하는 가운데 **생생한 사명의식**을 지니고 있다.

오늘날 이 운동들은 신앙을 문화 그리스도교적으로 혹은 의식(儀式)주의적으로 왜소화시키는 것에 맞서, 신앙 안에서의 영적 **체험**을 가능하게 해주기 때문에, 많은 사람들의 마음에 깊은 인상을 주고 있다. 이 운동들의 영성은 복음을 "마음 깊이 느끼고 맛봄"(이냐시오로욜라)을 추구하며, "영적 감수성"의 문화에 넓은 공간을 제공한다. 여러 관찰자들에게는 이 운동들이 느낌과 체험에 너무 높은 가치를 부여하는 것같이 보이기도 하지만, 아무튼 근본적으로 중요한 것은 하느님께 대한 믿음과 이웃에 대한 사랑 안에서 인간의 존재론적 중심이 깊이 움직여지는 일이다. 신앙에의 의식적 결단, 신앙의 아름다움에 대한 체험, 그리고 그들 상호간의 떠받침은 이 그리스도인들로 하여금 자신들의 구체적인 삶의 세계를 복음정신에 터하여 꼴짓고, 그리하여 우리 사회 한가운데에서 복음선포를 할 수 있는 능력을 선사한다.

② 교회 내적 도전

"교회에서 멀리 떨어져 있는 사람들" 가운데 많은 이들이 이 동아리들에 마음이 끌리고 있다는 것은 주목할 만한 사실이다. 그들이 보기에 여기에서는 교회가 놀라운 친밀성과 직접성을 지닌 모습으로 나타나 있는 것이다. 그와는 반대로 우리의 본당, 연합회, 수도회, 여타 교회 기관의 적극적 구성원들 가운데 많은 이들은 이 새로운 영적 운동들과 좀처럼 사이가 좋아지지 못한다. 사실 그러한 동아리들 가운데 **몇 곳**의 열광적 행태는 정신 말짱한 "보통 소비자들"을 질겁하게끔 만들기도 했으니, 예컨대 오순절 교회 식의 예배와 선교 방식에서 따온 죄·회개·예수를 통한 새로운 의미 발견에 대한 공개고백, 특이한 종교적 체험(치유·놀아경 등)에의 몰두, 혹은 자연발생적으로 터져나오는 제멋대로의 오랜 기도와 노래 등이 그런 것들이다. 또한 본당 내에서 그런 동아리들로 말미암은 지나치게 열정적인 젤롯당 식의 좋지 않은 분극화分極化에 대한 언짢은 체험도 그런 나쁜 인상에 한몫을 한다. 게다가 상당수의 사람들은 몇몇 운동의 신학적·교회정치적·사회정치적 "법정法定 적재량"까지도 못마땅히 여긴다. 끝으로 이 동아리들 안에 일종의 종교적 벽감 문화의 위험성이 내포되어 있다는 것도 물론 부인하지 못한다.

그럼에도 불구하고, 나는 사람들이 이 운동들을 때로는 매우 공격적으로 배척하는 이유는 다음 사실**에도** 있지 않을까 생각한다. 즉, 이러한 **강렬한** 신앙과 기도 동아리들은 그 존재 자체만으로도 "맨숭맨숭한" 본당이나 공동체들의 관습적이고 상당히 피상적인 신앙 실천을 심각한 의문에 처하게 만들기 때문이다. 사람들은 이 운동들이 함께하는 신앙의 참된 길을 모색하고 있다는 것을 감지한다. 그러나 스스로 거기에 동참하여 자신의 삶을 아주 근본적으로 신앙, 아니 **함께하는** 신앙에 의하여 규정하려는 기꺼운 각오는 되어 있지 않다. 아무튼 파멸적인 분극화는 방지하고 그러면서도 꼭 필요한 공동의 발전을 저해하지 않기 위해서는, 모든 편으로부터의 인내와 냉정이 요구된다. 우리가 본당이나 여타 공동체 안에서도 그러한 새로운 운동들의 중요한 가치를 인정한다면, 그것은 오늘날 특히 젊은이들에게 신앙을 전달하는 데에 매우 복된 결과를 가져올 수 있을 것이다. 왜냐하면 정말 중요한 문제는 단순히 우리 공동체의 "터줏대감들"의 나이를 낮추는 일이 아니라, 사람들을 그리스도와의 인격적인 만남의 길로 인도하는 일이기 때문이다. 그렇게 되면 그들은 요컨대 자기 고유의 그리스도교적·교회적 소명을 발견할 수 있다. 그러므로 우리는 그들이 그러한 (건실한) 동아리 안에서 일종의 "영적 탐험여행"을 떠나도록 거듭 새삼 고무·격려해야 한다.

더 나아가 우리의 공동체들이 그러한 영적 운동들의 영성의 특정 요소들을 더욱 개방적으로 이해·수용할수록(예배, 사회 참여, 기도·성서·가정 동아리, 공동체 회합 등 안에서), 그만큼 더 "보통" 공동체들은 그러한 운동들을 경쟁 혹은 (부정적) 대조 상대로 간주하지 않게 된다. 사실 바로 그러한 영적 운동들로부터 앞에서 언급한 신앙의 개인화를 신앙의 "인격화"로 변화시킬 수 있는 비결을 배울 수 있다. 거기서는 하느님과의 그리고 신앙인 상호간의 인격적 만남이 함께하는 삶의 중심에 뚜렷이 자리잡고 있기 때문에, 개개인이 자신의 개(체)성이 주관적 임의성이나 자기중심성으로 전락하도록 버려두지 않고, 오히려 사랑의 능력을 갖춘 "자아 발견"을 위해 자신의 개(체)성을 개방하는 일이 더 손쉬워질 수 있다.

이 운동들이 제공하는 가장 중요한 가능성은 아무래도 다음 사실에 있을 것이다. 즉, 이 운동들은 현대인들의 갖가지 종교적·유사종교적 갈망에 대한 참으로 그리스도교적인, 그리고 삶의 실천을 통해 진실성이 입증된 **바로 그**die 대답일 수 있다는 사실이다. 사람들이 지나치게 제도화된 교회들에서는 더 이상 기대하지 않는, 그래서 오늘날의 온갖 자연신비주의적·신新영지주의적·비교적秘敎的 경향들 속에서 찾아헤매고 있는 대답 말이다. 영혼과 감성을 함께 아우르는 총체적 종교성, 인간 깊은 곳에 있는 자기치유력의 해방을 통한 "자아 실현"에의 갈망, 인간을 온전케 하는 우리 현실의 우주적·신적 비밀 안으로의 침잠, 개인적·사회적 영역에서 대안적 삶의 방식의 모색, 강렬한 집단체험 — 이 모든 것이 특정한 영적 운동들을 "후현대적" 문화 안에서 새로운 신앙선포를 위한 정당한 **연결고리들**로 부각시킨다. 많은 사람들이 그토록 모색하고 있는 "모두 함께하는 창조의 길"(떼제)은 이 세상 한가운데에서 힘차게 활동하는 "(자기 자신, 타자들, 온 창조계 그리고 하느님과의) 화해의 누룩"(R. Schutz)으로서 존재하고자 노력하는 그러한 동아리와 공동체들을 거쳐서 가는 것이 아마 그리스도교적으로 가장 바람직한 것이다.

맺는 말[97]

"그것은 그것으로 존재해, 사랑은 말하네"

오스트리아 시인 에리히 프리트(1921~1988)의 「그것은 그것이다」[98]라는 잘 알려진 시가 있는데, 1938년 이래 망명객으로서 런던에 살며 사회와 문화를 비평하던 이 유태인 시인이 1944년에서 1983년 사이에 쓴 다양한 시들을 수록한 시집 『말참견』의 맨 끝에 실려 있다.

그것은 불합리한 일이야
이성이 말하지
그것은 그것으로 존재해
사랑은 말하네

그것은 불행한 일이야
계산이 말하지
그것은 정말 고통스러운 일이야
불안이 말하지
그것은 가망 없는 일이야
분별이 말하지
그것은 그것으로 존재해
사랑은 말하네

---

[97] M. Kehl, Es ist was es ist. Die kristische Liebe zur Kirche, in: Christ in der Gegenwart 45 (1993) 422쪽 참조.

[98] Erich Fried, Es ist was es ist, Verlag Klaus Wagenbach, Berlin 1983.

> 그것은 웃기는 일이야
> 자만이 말하지
> 그것은 경솔한 일이야
> 신중이 말하지
> 그것은 불가능한 일이야
> 경험이 말하지
> 그것은 그것으로 존재해
> 사랑은 말하네

이 시를 우리는 공감하며 여러 인간관계나 우리 삶의 많은 고비, 위기, 혼란에 적용할 수 있을 것이다. 사랑은 온갖 반대를 무릅쓰고 타자와 주어진 현실을 있는 그대로 받아들인다. 그것도 결코 체념적으로, 예컨대 "어쩔 수 없어" 식의 마음으로 그렇게 하는 것이 아니다. 그렇다, 사랑은 누구도, 그 무엇도 포기하지 않는다. "사랑은 모든 것을 바랍니다"(1고린 13,7). 사랑은 타자와 그의 현실은 긍정하고 받아들이는 힘, 모든 변화의 근저에서 마침내 그 변화를 불러일으키는 그 힘에 터하고 있다. 사랑은 융Karl Gustav Jung도 다시 끄집어내어 제것으로 만든 교부들의 저 오랜 체험을 공유하고 있다. 즉, "받아들여지지 않은 것은 구원될 수도 없다".

이 문구를 **교회**, 그것도 이상적인 교회가 아니라 오늘날 현실적으로 체험하는 교회에 적용한다면 주제넘는 일일까? 많은 사람들이 대놓고 반발할 것이고, 또 실로 지당한 이유들도 제시할 것이다. 사랑과 같은 인간 사이의 관계는 그렇게 간단히 하나의 제도에 적용될 수 없다. 개인들과 제도가 맺는 관계는 어떤 두 사람이 맺는 관계와는 전혀 다르며, 훨씬 거리가 있고 형식적이며 객관적이다. 그러므로 사람들이 개인적으로 맺는 관계의 틀을 제도와의 관계에 경솔하게 적용하는 것은 자칫하면 구조적인 결함과 폐해를 모르는 체하거나 영성화하며 또 그것에 면역되게 하는 결과를 야기할 수 있다. 교회사는 그러한 위험한 사례들로 가득 차 있다 등등.

그러나 어쨌든, 제도로서의 교회 역시 **인간들**에 의해 이루어지고 떠받쳐지는 사회적 실재이며, 그래서 — 구체적인 인간관계와의 온갖 실제적인 차이에도 불구하고 — 인간관계를 교회에 유비적으로 적용하는 것은 충분히 가능하다. 나는 제도로서의 교회로부터도 하느님의 영은 떠나가지 않았고, 교회가 온갖 과오와 경직화에도 불구하고 하느님 백성, 그리스도의 몸, 삼위일체 하느님의 "이콘"으로서의 자신의 품성을 상실하지 않았다고 신앙 안에서 확신하고 있다. 그러므로 나는 "하느님의 영이 교회를 하나요 거룩하고 보편적이며 사도들로부터 이어오는 교회로 만든다는 것을 믿나이다"라는 신경의 지평을 벗어나 떠나가려고 하지 않는다. 그렇기 때문에 나는 필연적으로 뒤따라오는 결론, 즉 이러한 교회에 대해, 온갖 차이에도 불구하고, 인간 사이의 인격적 관계에 비견될 수 있는 **유비적** 관계(즉, "교회에 대한 인격적 사랑")가 성립한다는 것을 끝끝내 고집한다. 더구나 교회는 사실 근본적으로 그리스도교 전통을 관장·처리하기 위한 거대 조직이 아니며, 오히려 신학적이고 경험적으로 볼 때, 각양각색의 차원의 공동적이고 개인적인 **신앙**의 실천들 위에 터하고 있기 때문이다. 오늘날 세상에서 일방적으로 제도적 형태에만 초섬을 맞추어 교회를 인지·판단하는 것은 말할 것도 없이 매우 문화제약적인 소치이며, 따라서 그것이 일종의 반反신학적·반인격적인 교회관으로 고착화되어서는 결코 안된다.

이런 맥락에서 나는 프리트의 시를 교회에 적용해 보고 싶다. 말하자면 이냐시오의 "교회 안에서 교회와 함께 느끼기"(이 말은 종교개혁 시대로부터 오늘날까지 어느 시대에나 많은 사람들에게 영감과 활력을 주어왔다)를 현대적으로 각색해 보고자 한다. 동시에 나는 다시 한번 강조하고 싶다. 사랑이 "그것은 그것으로 존재해"라고 말한다 해서, 사랑이 온갖 폐해를 눈감아주고 모든 것을 낡은 모습 그대로 내버려두고자 하는 것은 아니다. 사랑이 말하는 것은 다만 이것이다. "나는 교회의 현실을 인지하고 그것을 받아들이며, 교회의 현실 **안에서** 그리고 흔히는 그 현실에도 **불구하고** 교회를 긍정한다. 그리고 바로 이렇게 교회를 사랑으로 받아들임으로써, 교회의 회심 그리고 치유적 변혁을 위한 힘과 창조적 상상력이 다름아닌 교회의 죄스러운 구조들 안에서도 자라나기를 희망한다."

프리트의 시를 교회에 적용하면 아마 이렇게 되지 않을까?

그것은 불합리한 일이야, 이성이 말하지
교회 안에선 결혼 안한 남자들만이
성직에 서품될 수 있다는 것은
신학적 논증들은 곳곳이 엉성해

그것은 그것으로 존재해, 사랑은 말하네
그렇지만 그것이 만족스럽진 않아

그것은 불행한 일이야, 계산이 말하지
저번 공의회의 개혁운동이 또다시 가로막히고
그래서 3천년기로 향하는 교회의 발길이
쓸데없이 무거워진 것은

그것은 정말 고통스러운 일이야, 불안이 말하지
중부 유럽 교회가 자기 젊은이들
그리고 자기 미래를 잃어버리고 있는 것처럼 보이는 것은

그것은 가망 없는 일이야, 분별이 말하지
사람들이 언젠가 한 번 예수의 산상설교에 온전히 몸바쳐

이 땅을 하느님 나라의 상징으로 만드는 것은

그것은 그것으로 존재해, 사랑은 말하네
그리고 "온갖 희망을 거슬러" 끝끝내 희망하네

그것은 웃기는 일이야, 자만이 말하지
2천5백이 넘는 지역교회들이 로마 중앙당 하나를 후견인으로 모시고
일치 속에서 참된 다양성 이룰 신학적으로 확증된 권리를
더 단호히 내세우지 못하며
또 그 다양성의 구조적 실현을 주장하지 못하는 것은

그것은 경솔한 일이야, 신중이 말하지
오늘날 교회 안에서 사람들 저마다
지역교회들 저마다 자기들 뜻대로 하고 말고 하는 것은
신학, 신앙의 길, 도덕관념, 전례의식에서
일별하기도 벅찬 다원주의가 존재하는 것은
가톨릭의 일치가 얼마나 쉽게 깨질 텐지!

그것은 불가능한 일이야, 경험이 말하지
서방 세계 부자 교회들이 스스로 복음적 가난에로 돌아와
남반구 가난뱅이 교회들과 정다운 교감 속에
진복선언의 삶을 살아내는 것은

그것은 그것으로 존재해, 사랑은 말하네
그리고 자신의 행동 속에 성령의 힘이
굳어진 것 풀어주시고 갈라진 것 결합시키시며
또한 하나된 것에 다양성 보존시켜 주시는
하느님의 권능이 역사하심을 믿고 바라네